cmz

D1920967

CMZ. Wir machen die guten Bücher. Seit 1979.

FRANZISKUS STIFTUNG

MAURITZER SCHRIFTEN

HERAUSGEGEBEN VON DER ST. FRANZISKUS-STIFTUNG MÜNSTER

BAND 6

Das Gesundheits- und das Sozialwesen befinden sich in einem ökonomisch begründeten Umbau. Dieser betrifft alle Einrichtungen: Krankenhäuser, Senioren- und Behindertenheime, Ambulante Dienste. Für kirchliche Träger stellt sich in besonderer Weise die Frage, wie sie ihren christlichen Anspruch unter den gegenwärtigen Rahmenbedingungen umsetzen können. Mit diesem Anliegen ist eine beträchtliche Zahl von Einzelfragen nach dem tragenden Menschenbild, dem Verständnis von Gesundheit, Krankheit und Heilung und einer wertebasierten Unternehmensführung verbunden.

Wer diese Fragen bearbeitet, findet Lösungen im Miteinander von theoretischer Durchdringung und praktischer Anwendung. Erst aus der Zusammenschau entwickeln sich tragfähige Antworten und Konzepte. In dieser doppelten Perspektive ist diese Schriftenreihe angelegt: Sie möchte sowohl theoriegeleitete Impulse geben als auch von praktischen Erfahrungen berichten. Die Zielgruppen dieser Reihe sind daher wissenschaftlich Interessierte und Verantwortliche in kirchlichen Einrichtungen beider großen christlichen Kirchen sowie kirchlich engagierte und interessierte Laien.

Michael Fischer (Hg.)

RELEVANZ IN NEUER VIELFALT

Perspektiven

für eine Krankenhausseelsorge der Zukunft

cmz

Bibliografische Information der Deutschen Nationalbibliothek

Die Deutsche Nationalbibliothek verzeichnet diese Publikation
in der Deutschen Nationalbibliografie; detaillierte bibliografische Daten
sind im Internet über http://dnb.d-nb.de abrufbar.

An der Glasfachschule 48, 53359 Rheinbach
Tel. 02226-912626, info@cmz.de

Satz
(Adobe Garamond Pro 11 auf 13,5 Punkt und Frutiger 77 Black condensed)
mit Adobe InDesign CS 5.5:
Winrich C.-W. Clasen, Rheinbach

Papier (Munken Cream 80 g mit 1,5 f. Vol.):
Arctic Paper S.A., Poznań / Polen

Umschlagbild:
Wassily Kandinsky (1866–1944), *Kreise in einem Kreis*, 1923;
Öl auf Leinwand, 98,7 × 95,6 cm;
Philadelphia / USA, Philadelphia Museum of Art

Umschlaggestaltung:
Lina C. Schwerin, Hamburg

Gesamtherstellung:
Bookpress.eu, Olsztyn / Polen

ISBN 978-3-87062-304-3

001–300 • 20180801

www.cmz.de

www.st-franziskus-stiftung.de

INHALTSVERZEICHNIS

EINFÜHRUNG

Heute geht es in der Krankenhausseelsorge auch um ihre Relevanz von morgen. Angefragt ist sie in vielerlei Hinsicht: religiös, spirituell, kulturell und institutionell. Uns stellt sich die Aufgabe, angemessen darauf zu reagieren. Um hierzu Impulse zu geben, miteinander zu beraten und gemeinsame Perspektiven zu entwickeln, hat die Franziskus Stiftung im Sommer 2017 im Rahmen ihrer Reihe *Franziskus Stiftung im Dialog* einen ökumenischen Kongress zum Thema *Zukunft der Krankenhausseelsorge* veranstaltet. Eingeladen waren Krankenhausseelsorgerinnen und Krankenhausseelsorger aus den Bistümern Münster, Osnabrück und Essen sowie den entsprechenden Landeskirchen.

Die Resonanz war erfreulich groß. Es gab zahlreiche relevante Themen zu beraten: die Vergewisserung der eigenen theologischen Grundlagen; eine Verortung in der christlichen Spiritualität, um sich auf diesem Fundament auf den Dialog mit zeitgenössischen Spiritualitätsvorstellungen, wie sie beispielsweise unter dem Begriff Spiritual Care zu finden sind, einzulassen; die Betrachtung der Krankenhausseelsorge aus der Perspektive der Träger und der einzelnen Seelsorgerinnen und Seelsorger; eine Klärung der Rolle in der Ethikberatung; die Erfordernisse, die sich aus dem Kontext eines Dienstleistungsunternehmens ergeben, wie beispielsweise die Frage nach der Qualität der Seelsorge; die Bedeutung des Ehrenamts in den Einrichtungen des Gesundheitswesens und die Frage, welche Funktion und Rolle der Krankenhausseelsorge angesichts dieser pluralen Anforderungen zuwachsen.

Hierbei muss sich die Seelsorge im Krankenhaus zugleich als pluralismustauglich und anschlussfähig erweisen, auch als kritisch und grenzziehend. Erst aus dieser Kombination erwächst eine zukunftsoffene, dynamische und damit stabile Identität der Seelsorge im Krankenhaus. Nicht eine Anpassung bis hin zu einer verhängnisvollen Unkenntlichkeit ist von Nöten, sondern eine reflektierte und kluge Aufnahme der von außen auf die Seelsorge einströmende Einflüsse. Das bedeutet: nicht in fremden Kontexten aufgehen, sondern auf das inhaltlich Sinnvolle und Notwendige eingehen. Die in diesem Band versammelten Beiträge beschäftigen sich mit dieser Aufgabe.

Theo Paul befasst sich in seinem Artikel **Die heilende Kraft des Glaubens. Situation und Entwicklungsperspektive der Krankenhausseelsorge** zunächst mit dem grundlegenden Verständnis von Seelsorge im Krankenhaus. In heutiger Zeit, so Theo Paul, wird die Zuwendung als heilende Kraft unterschätzt. In diesem Sinn versteht er die Seelsorge im Krankendienst als einen heilenden Dienst, der sich anbietet, einlädt, aber nicht aufdrängt. Angesichts der Heilung eines Aussätzigen (Mk 1,40–45) kann die Seelsorge ein Ort sein, wo Menschen sich angenommen fühlen. Im Blick auf die zukünftige Entwicklung der Krankenhausseelsorge setzt Theo Paul zwei deutliche Akzente: Erstens dürfen trotz des Rückgangs an Interessenten für die Krankenhausseelsorge die Ausbildungsstandards nicht gesenkt werden; zweitens wird im Kontext von Spiritual Care die Herausforderung deutlich, sich in nicht kirchliche Systemlogiken einzubringen, ohne dabei die eigene Identität aufzugeben.

Klaus Goedereis erläutert in seinem Beitrag **Orte gelebter Caritas. Bedeutung und Zukunft der Krankenhausseelsorge** den Stellenwert der Krankenhausseelsorge, also auch von deren Herausforderungen, und geht auf das Seelsorgeverständnis aller Mitarbeiterinnen und Mitarbeiter in einem Krankenhaus ein. In seiner Funktion als Vorstandsvorsitzender der Franziskus Stiftung stellt er Überlegungen aus der Perspektive eines konfessionellen Krankenhausträgers an. Für Klaus Goedereis ist die Seelsorge in einem Krankenhaus, das als „ein Schmelztiegel menschlicher Existenz mit allen Höhen und Tiefen" verstanden werden kann, ein wichtiger Ort von und für Seelsorge. Im Blick auf die künftigen Herausforderungen benennt er eine Reihe von Aufgaben, die aufgrund von veränderten Rahmenbedingungen eines Krankenhauses für die Seelsorge erwachsen. Eigens betont er den Seelsorgeauftrag aller Mitarbeitenden eines Krankenhauses, die Bedeutung des Ehrenamts in der Krankenhausseelsorge sowie eine regelmäßige und institutionalisierte Kommunikation zwischen Seelsorge und Krankenhausleitung.

In ihren Ausführungen zu **Kenotische Gastfreundschaft. Christliche Krankenhausseelsorge in einer religiös pluralen Gesellschaft** befassen sich *Lydia Bendel-Maidl* und *Eberhard Frick* mit der Frage, welche Spezifika das Christliche in die Sorge für Kranke und ihre Angehörigen einbringen kann. In das Thema einführend verdeutlichen die Autoren am Beispiel der Raumfrage, insbesondere von spirituellen Räumen im Gesundheitswesen, das Verhältnis von Religion und Gesellschaft, die Rolle von unterschiedlichen Religionen im Miteinander oder die Konsequenzen eines neutralen Standpunktes. Aus den aktuellen Diskussionsfeldern formulieren die Autoren drei Spezifika des Christlichen: erstens ein aufgeklärter Respekt; zweitens eine Gastfreundschaft, die Schwellen überschreitet, und drittens die Aufgabe, in den Wunden das Leben zu ertasten. Im abschließenden Fazit werden die Überlegungen in einer Haltung kenotischer Gastfreundschaft gebündelt.

Simon Peng-Keller skizziert in seinem Beitrag **Krankenhausseelsorge. Spezialisierte Spiritual Care im Horizont des christlichen Heilungsauftrags** die gegenwärtig stattfindenden Transformationsprozesse, die »Ort und Rolle kirchlich beauftragter Krankenhausseelsorge in den kommenden Jahren merklich verändern werden«, und die sich daraus ergebenden Übersetzungen, die von einer konfessionellen Seelsorge abverlangt werden, damit sie sich nicht verliert, sondern neu profiliert. Angesichts der gegenwärtigen Herausforderungen kann die Kirche die Verantwortung im Bereich des Heilens nicht anderen Akteuren überlassen. Simon Peng-Keller plädiert dafür, die Krankenhausseelsorge als spezialisierte Spiritual Care zu verstehen, um auf diese Weise den

Krankenheilungsauftrag Jesu im Gesundheitswesen wahrzunehmen.

Die Rolle von Klinikseelsorgenden in der Ethik nimmt *Simone Ehm* in ihrem Artikel **Die Grenze unseres Lebens** vertiefend in den Blick. Klinikseelsorgende sind nicht nur mit einer Vielzahl von ethischen Problem konfrontiert, sondern es zeigt sich auf der Grundlage empirischer Forschung, dass deren Verständnis von ethischen Konflikten weit ist und »deutlich über klassisch-ethische Entscheidungssituationen hinausgeht«. Dazu zählen beispielsweise Kulturfragen. Simone Ehm schlüsselt auf, in welcher Weise bestimmte Faktoren die Rolle von Seelsorgenden im Umgang mit ethischen Konflikten beeinflussen: die Rolle der Seelsorgenden in interdisziplinären Besprechungen, die Rolle in Ethikkomitees oder auch wechselnde Rollen innerhalb eines Konflikts. Die Autorin plädiert in einem ethischen Konflikt für eine situationsbezogene Reflexion von Seelsorgenden und ihrer jeweiligen Rollen, weil diese den Handlungskontext maßgeblich bestimmen.

Rainer Kinast beschreibt in seinen Überlegungen unter dem Titel **Strukturelle Einbindung der Seelsorge in die Organisation Krankenhaus. Wege der Vinzenz Gruppe**, wie die Krankenhausseelsorge in der Vinzenz Gruppe (Wien) in den vergangenen Jahren ihr professionelles Selbstverständnis weiterentwickelt und eine Integration in die Krankenhausorganisation vollzogen hat. Rainer Kinast nimmt den Leser auf drei Etappen mit: Zunächst in einer Darstellung des Selbstverständnisses der Seelsorge im Kontext eines Ordenskrankenhauses, die einen differenzierten und dreifachen Auftrag der Patientenseelsorge zeigt; in einer daraus folgenden strukturellen Einbindung der Seelsorge in die Organisation eines Krankenhauses, in welcher unter anderem die Binnendifferenzierung in der Leitung der Seelsorge deutlich wird; schließlich beschreibt Rainer Kinast das Qualitätsmanagement als einen Lernprozess, welcher die Bedeutung der seelsorglichen Qualitätssicherung ernst nimmt, in dem inhaltliche Qualitätskriterien entwickelt werden und der in einer selbstverpflichtenden Evaluierung als Reflexionskriterium dient. Ziel ist eine qualitätsvolle Seelsorge.

Roland Mangold, Martina Reiser und *Stefan von Rüden* beschreiben in ihrem Beitrag **Auf dem Weg zu »guter Arbeit«. Das Lern- und Qualitätssystem der Klinikseelsorge in der Erzdiözese Freiburg** ein Instrument, mit dem in der Krankenhausseelsorge in der Erzdiözese Freiburg gearbeitet wird. Zunächst werden die Grundlagen und Hintergründe dieses Systems erläutert und der Umgang mit diesem System erklärt. An einem Beispiel, der Erreichbarkeit der Klinikseelsorge, verdeutlichen die Autoren die »Spezifikationen«. Im Anschluss daran werden die Erfahrungen, die in der Erzdiözese Freiburg mit diesem System gesammelt wurden, an zwei konkreten Handlungsfeldern ausgeführt. Der Beitrag schließt mit den Herausforderungen, den Grenzen und Chancen dieses Instruments, die sich aus den bislang gesammelten Erfahrungen abzeichnen.

Martin Merkens und *Donatus Beisenkötter* werfen unter der Überschrift **Am Krankenbett nicht zu unterscheiden? Seelsorgliche Begleitung im Krankenhaus durch Haupt- und Ehrenamtliche** einen Blick auf die Situation und Entwicklungsperspektive des Ehrenamts in der Krankenhausseelsorge. Ihren Beitrag einleitend, stellen die beiden Autoren jene grundlegenden Fragen vor, die mit dem Ehrenamt in der Krankenhausseelsorge verbunden sind. Anschließend erläutern sie das aus Münster stammende Modell der »Kooperativen Seelsorglichen Begleitung«, an dessen Beispiel sich viele der aufgeworfenen Fragen veranschaulichen lassen. Im Unterkapitel »Qualitätsfrage« werden wichtige Themenstellungen eingehender ausgeleuchtet, wie beispielsweise die Ausbildung, das Aufgabenspektrum, Kompetenzen und Beauftragung. In einem weiteren Schritt weben die Autoren die Entwicklung des Ehrenamts in der Krankenhausseelsorge in den Kontext der gegenwärtigen Kirchenentwicklung ein. Mit der Einbeziehung Ehrenamtlicher, so die Autoren, sei ein Erfahrungsraum für ein neues Zusammenspiel eröffnet.

Volker Tenbohlen und *Rainer B. Irmgedruth* befassen sich in ihrem Text zu **Islam und Krankenhausseelsorge. Bedürfnisse, Suche, erste Praxis** mit der gegenwärtigen Situation der muslimischen Krankenhausseelsorge. Einleitend zeichnen die Autoren ein Bild der Muslime in Deutschland. Als Grundlage der weiteren Ausführungen erläutern sie den Verständniswandel des Begriffs Seelsorge in der christlichen Tradition, bevor sie danach fragen, in welcher Weise dieses Verständnis von Seelsorge in der muslimischen Glaubenstradition zu finden ist. Im weiteren Verlauf beschreiben sie sowohl praktische Herausforderungen, die gegenwärtig mit der Etablierung einer muslimischen Krankenhausseelsorge verbunden sind, als auch erste Schritte der Umsetzung. Es wird deutlich, dass in dieser Frage noch viel im Fluss ist und die kommenden Jahre zeigen werden, welche konkrete Gestalt und Form die muslimische Krankenhausseelsorge in Deutschland annehmen wird.

In seinem Beitrag **Ein Ort der Kirche. Zukunft der Krankenhausseelsorge – Denkanstöße aus der Praxis** richtet *Bernhard Rathmer* zunächst einen Blick auf die Bedingungen und Voraussetzungen, die sich in der Krankenhausseelsorge während der letzten Jahre ergeben haben. Dabei geht er vor allem auf die gegenwärtigen Arbeitsfelder von Seelsorgenden im Krankenhaus ein. In einem zweiten Schritt schildert Bernhard Rathmer als eine zentrale Herausforderung die Gewährleistung einer personalen Präsenz, in der die Fähigkeit zur Alltagskommunikation ein Schlüsselbegriff ist. In seinem Ausblick auf die notwendigen Rahmenbedingungen appelliert er an die Bistümer, Landeskirchen und Krankenhausträger, entsprechendes Personal weiterhin zur Verfügung zu stellen.

Michael Fischer schließlich verortet unter dem Titel **Integrale Krankenhausseelsorge. Trägheit taugt nicht zur Verwirklichung des Auftrags** die Seelsorge im Krankenhaus im Spannungsfeld unterschiedlicher Referenzkontexte. Damit Krankenhausseelsorge das Ganze im Blick behalten kann, werden von ihr Integrationsleistungen abverlangt. Gelingen wird ihr das nur, wenn sie ihr Umfeld und die damit verbundenen Herausforderungen als Ressource zur eigenen Weiterentwicklung begreift. Zudem braucht es Seelsorgende, die diese Aufgaben anpacken und dazu befähigt sind oder befähigt werden. In Anlehnung an Hermann Stenger entfaltet Michael Fischer die doppelte Bedeutung des Kompetenzbegriffs, nämlich »für etwas zuständig sein« und »zu etwas fähig sein«, und den Zusammenhang zur eigenen Berufung und der Entwicklung entsprechender Kompetenzen.

Einige der hier veröffentlichten Beiträge sind auf der Grundlage von Referaten auf dem Kongress *Zukunft der Krankenhausseelsorge* entstanden. Für die Durchführung dieses Kongresses gilt dem Vorstand der St. Franziskus-Stiftung Münster ein herzlicher Dank. Er hat sowohl die Finanzierung der Veranstaltung gewährleistet als auch Ressourcen für deren Planung und Durchführung zur Verfügung gestellt. Wir danken allen Autorinnen und Autoren, die einen Beitrag für diesen Band erstellt haben. Ebenso gilt der Dank Volker Tenbohlen von der St. Franziskus-Stiftung Münster, Winrich C.-W. Clasen vom CMZ-Verlag für die Durchsicht der Manuskripte und das Layout der Seiten sowie Kerstin Clasen für die nachfolgenden Worte zum Umschlag dieses sechsten Bandes der *Mauritzer Schriften*.

Das Titelbild dieses Bandes zeigt eine Arbeit Wassily Kandinskys, in der er sein zentrales gestalterisches Thema darstellt: die Verbildlichung der Idee kosmischer Harmonie in Farben und Formen. Der Kreis, für Kandinsky die elementarste und zugleich wesentlichste Form, die alle nach innen und nach außen strebenden Kräfte in Balance enthält, ist in »Kreise in einem Kreis« (1923) selbst Bildthema.

Der dominante, die Grundfläche nahezu ausfüllende schwarze Kreis umfängt eine Vielzahl kleinerer, einander zum Teil überlagernder, farbig gefüllter Kreisformen, deren

Anordnung keinem Prinzip folgt. Durchschnitten werden diese Formen von vielen verschiedenen schwarzen Linien.

Ein blauer und ein gelber Strahl, die von den oberen Bildecken ausgehen und einander im Zentrum schneiden, verändern die Farben der Kreise, wo sie diese überlappen. So gibt die Grundform ihren eigenen Differenzierungen Halt, verortet sie innerhalb eines Rahmens, der aber nicht hermetisch geschlossen ist, sondern gewissermaßen Einflüsse von außen zulässt und damit zugleich sich selbst in Bezug zur Umgebung setzt, wie auch die Krankenhausseelsorge auf die Beziehungen zur Außenwelt angewiesen ist. Das gilt heute mehr denn je.

Münster, Pfingsten 2018

Michael Fischer

Theo Paul

DIE HEILENDE KRAFT DES GLAUBENS

SITUATION UND ENTWICKLUNGSPERSPEKTIVE DER KRANKENHAUSSEELSORGE

»In der Krankenfabrik – Ausgelieferte Patienten, ausgebeutete Ärzte: Innenansicht eines Klinik-Konzerns«, so lautet das Titelthema des *Spiegel* (Nr. 51) kurz vor Weihnachten 2016. Der Leitartikel beschäftigt sich vor allem um die Situation im Klinik-Konzern Asklepios, Hamburg. Mir geht es jetzt nicht um die Auseinandersetzung über die Privatisierung und Ökonomisierung der Krankenhäuser in unserem Land. Ich weiß um Enttäuschungen, Fehlentwicklungen und Skandale in Krankenhäusern, welcher Trägerschaft auch immer. Andererseits war ich in den vergangenen Monaten als Patient persönlich in verschiedenen Krankenhäusern und habe diese Kliniken nicht als Fabriken erlebt. Ich bin fachlich kompetent, menschlich und seelsorglich gut behandelt worden. Mich hat die engagierte Arbeit der verschiedenen medizinischen, pflegerischen, seelsorglichen Dienste beeindruckt.

1. VERSTÄNDNIS VON KRANKENHAUSSEELSORGE

Krankenhäuser bieten der Seelsorge eine große Chance, ganz nah bei den Patienten, Mitarbeitern und Gästen zu sein. Der Jesuitenpater und emeritierte Professor Dr. Bernhard Grom stellt daher zu Recht fest: »Wahrscheinlich beten in Krankenhäusern mehr Menschen als in Kirchen, und die strengsten Exerzitien finden vermutlich in Krankenzimmern, nicht in geistlichen Zentren statt. Denn nichts erschüttert im Alltag durchaus lebensdienliche Kontrollillusionen, denen gemäß wir fast alles im Griff haben und der Tod in so ferner Zukunft liegt, dass er unwirklich erscheint, so stark wie eine bedrohliche Erkrankung oder der Tod eines nahestehenden

Menschen. Welchen Sinn haben unsere bisher verfolgten Ziele, wenn sie möglicherweise unerreichbar werden? Welchen Wert haben wir selbst, wenn wir arbeitsunfähig, behindert und reduziert werden und die Medizin uns nicht mehr helfen kann? Und welchen zustimmungswürdigen Inhalt hat die restliche Lebensdauer, wenn die Krankheit massive Einschränkungen nach sich zieht oder unheilbar fortschreitet; welchen Sinn hat das Leben überhaupt angesichts des Todes?«[1] Soweit Pater Grom.

Welches Verständnis von Krankenhausseelsorge liegt meinen Überlegungen zugrunde? Es geht um eine Einheit von Leib und Geist. Krankenhausseelsorge beschränkt sich daher nicht auf die dazu ausgebildeten Profis. Alle Mitarbeiter sind gefordert, die seelischen Bedürfnisse der Patienten zu beachten. Krankenhausseelsorge richtet sich auch an die Mitarbeiter, damit die Ärzte und Pflegekräfte den kranken Menschen auch von Angesicht zu Angesicht begegnen können und sie nicht nur auf die Diagnose oder Therapie reduzieren. Krankenhausseelsorge ist ein umfassendes Geschehen von Gottesdienst, Krankensalbung für kranke und alte Menschen, Krankenhausbesuchsdiensten, Sterbebegleitung durch Hospizgruppen oder auf einer Palliativstation, Selbsthilfegruppen für Trauernde und chronisch Kranke, Erwachsenenbildung über Gesundheit und Krankheit, Gebetsgruppen, Wallfahrten und anderem mehr.

Es geht darum, ein rein mechanistisches Modell naturwissenschaftlicher Medizin zu überwinden und ein Verständnis von Medizin zu entdecken, das die heilende Kraft des Glaubens ernstnimmt und integriert. Es geht um Netzwerkarbeit in der Krankenhausseelsorge. In unserem durchrationalisierten Gesundheitssystem kann Krankenhausseelsorge auch punktuell die zunehmenden kommunikativen Defizite im Krankenhaus thematisieren und ausgleichen. So wichtig moderne Medizin ist, so sehr wird im derzeitigen Gesund-

1 B. *Grom*, Spiritualität im Gesundheitswesen, 124.

heitssystem die Kraft der Zuwendung als heilsame Kraft unterschätzt. Das betont nicht zuletzt der Mediziner, Philosoph und Universitätsprofessor für Bioethik Giovanni Maio.[2]

Zu Recht wendet er sich gegen eine Geschäftsbeziehung von Arzt und Patient. Er wirbt für eine Sorgebeziehung. Die Übernahme rein ökonomischen Denkens in die Medizin führt zu einem Schwinden des Vertrauens, auch der personalen Vertrauenswürdigkeit. Wo an die Stelle des Vertrauens nur noch die Berechnung und damit die Vertragsbeziehung tritt, ist es Aufgabe der Seelsorge, Einspruch zu erheben. Aus einer positiv kritischen Distanz zu den Organisationsabläufen und Zielen in der Institution Krankenhaus kann die Seelsorge sich in einem Selbstverständnis von »Widerstand und Ergebung« (Dietrich Bonhoeffer) positionieren. In dieser Spannung oder Polarität wird die Seelsorge Widerstand leisten, wenn das Leben bedroht ist, und sie wird sich darin auch ergeben und Entwicklungen zulassen, weil zum Letzten auch das Sterben gehört.[3]

Krankenhausseelsorge ist ein heilender Dienst. Die Heilung der Kranken ist neben der Verkündigung des Evangeliums das wichtigste Zeugnis Jesu vom anbrechenden Reich Gottes. Der Kirche steht es nicht frei, wie sie mit Kranken umgeht. Jesus beauftragt die Apostel (Matthäus 10,8): »Heilt Kranke, weckt Tote auf, macht Aussätzige rein, treibt Dämonen aus!« Das ist damit auch ein wesentlicher Teil des Apostolats der Kirche. Jesus bringt das Reich Gottes nicht nur in Worten, die Glauben erwecken, sondern auch in Heilungen, die gesund machen.

Seelsorge kann Teil eines Heilungsprozesses sein. Dabei drängt sich die Seelsorge weder dem Patienten noch dem Arzt auf. Sie bietet sich an, sie lädt ein, bestimmte Situationen des Lebens anzusprechen und zu gestalten. Seelsorge kann den Glauben als Kraftquelle erschließen und als Raum,

2 G. *Maio*, Den kranken Menschen verstehen, Freiburg 2016.

3 Vgl. E. *Frick*, Sich heilen lassen, 19.

wo Ohnmacht und Ängste mit Hoffnung ausgehalten werden. Es geht dann nicht um vorschnelle Deutungen einer Erkrankung. Auch ist Vorsicht geboten, sich in ein System von Effizienz und Rentabilitätsdenken einfügen zu lassen. Zur Heilung gehört das geduldige Abwarten und Zulassen. Wo keine Grundhaltung des Sich-Zeit-Lassens gepflegt wird, bleibt kaum Raum für Hoffnung und Trost. Wo Hoffnung ausbleibt, setzt Aktionismus ein. Natürlich steht die Seelsorge positiv zum naturwissenschaftlichen Zugang auf den Menschen hin. Der hat seine Berechtigung und ist segensreich. Aber diese Akzentsetzung reicht nicht. Wir brauchen eine Beziehungsmedizin, eine Zuwendungsmedizin, eine starke Pflege und eine dem Menschen zugewandte Seelsorge, die dabei helfen kann, an der eigenen Krankheit nicht zu verzweifeln, sondern zu wachsen, anders zu werden.

Wenn ich von der heilenden Kraft des Glaubens ausgehe, ist damit nicht ein äußeres Heilungsmittel gemeint, wodurch im Menschen verborgene Heilungskräfte wachgerufen werden. Pater Grom schreibt: »Wer vom heilenden Glauben spricht, weckt heute unvermeidlich die Erwartung einer medizinischen Heilung. Diese dürfte aber selten eintreffen, denn die Wirkung von Plazeboeffekten ist recht beschränkt, auch haben bei weitem nicht alle körperlichen Erkrankungen eine psychische Mitursache.«[4]

Das Heilsame des Glaubens und einer Glaubensgemeinschaft, das sich auch körperlich und sozial zeigt, besteht in der sozialen Unterstützung durch Seelsorge und in der Belastungsbewältigung in Gebet, Meditation und Gottesdienst. Die Seelsorge kann einen gebührenden Platz im Gesundheitswesen beanspruchen und auf berechtigte Sorgen in der Gesundheitsversorgung eingehen, ohne heilsmaterialistisch auf den Gesundheits- und Wellnessmarkt zu schielen.[5]

4 B. *Grom*, Spiritualität im Gesundheitswesen, 127.

5 Vgl. ebd., 128.

2. EIN AUSSÄTZIGER BITTET UM HILFE

An dieser Stelle möchte ich noch einen biblischen Bezug für mein Verständnis von Krankenhausseelsorge vorstellen: »Ein Aussätziger kam zu Jesus und bat ihn um Hilfe. Er fiel vor ihm auf die Knie und sagte: Wenn du willst, kannst du machen, dass ich rein werde. Jesus hatte Mitleid mit ihm; er streckte die Hand aus, berührte ihn und sagte: Ich will es – werde rein! Im gleichen Augenblick verschwand der Aussatz, und der Mann war rein. Jesus schickte ihn weg und schärfte ihm ein: Nimm dich in Acht! Erzähl niemandem etwas davon, sondern geh, zeigt dich den Priestern, bring das Reinigungsopfer dar, das Mose angeordnet hat. Das soll für sie ein Beweis meiner Gesetzestreue sein. Der Mann aber ging weg und erzählte bei jeder Gelegenheit, was geschehen war; er verbreitete die ganze Geschichte, so dass sich Jesus in keiner Stadt mehr zeigen konnte; er hielt sich nur noch außerhalb der Städte an einsamen Orten auf. Dennoch kamen die Leute von überall her zu ihm.« Soweit der Markustext (1,40–45).

Wie zurzeit Jesu sind es auch heute ›Aussätzige‹, die zur Seelsorge kommen. Wir wissen, die Aussätzigen zurzeit Jesu waren Menschen, die wegen ihrer Krankheit aus der menschlichen Gemeinschaft ausgeschlossen wurden und deshalb nur am Rand leben konnten. Papst Franziskus ermutigt uns immer wieder, zu den Menschen am Rand unserer Gesellschaft zu gehen. Dabei, und das muß betont werden, geht er nicht nur von einer soziologischen Wahrnehmung aus. Er meint: zu den Menschen gehen in ihren existenziellen Krisen, zu denen, die am Rand ihres Lebens stehen; er meint die Option für diese Armen, die in unserem Kontext leben, die eine ganz andere Erfahrung von Armut durchleben müssen. Dieser Ansatz hat neben medizinischen und soziologischen eben auch psychologische und theologische Aspekte.

›Aussätzige‹ bei uns sind auch Menschen, die sich selbst nicht ausstehen können, die sich selbst nicht akzeptieren können. Seelsorge kann ein Ort sein, wo sie sich angenommen fühlen. Nicht nur durch eine Predigt, sondern durch ein Gespräch, durch Interesse, das wir ihnen entgegenbringen. In Gesprächsgruppen, Selbsthilfeinitiativen und wie auch immer kann eine seelsorglich solidarische Begleitung angeboten und strukturiert werden.

Seelsorge braucht die Reflektion von Nähe und Distanz. Jesus streckt die Hand aus und berührt einen Aussätzigen. Er lässt sich weder vom Aussätzigen noch von der Umgebung sein Verhalten vorschreiben. Jesus berührte ihn, um ihm zu zeigen: Du bist gewollt, ich achte dich. Dies verändert die Situation des Aussätzigen. Aber für unsere Tätigkeit bedeutet das, diese Frage von Nähe und Distanz immer wieder selbstkritisch auch zu thematisieren.

Für unsere Seelsorge heißt das: Ich nehme die Gefühle des anderen ernst. Ich versuche, der anderen Person Mut zu machen, damit sie zu sich selbst und zu ihrer Lebensgeschichte stehen kann. Ich begleite sie in ihrer Deutung der Lebensgeschichte, ich begleite sie im Licht des Evangeliums und stärke sie mit den Zeichen, den Sakramenten der Kirche.

3. ANZAHL UND QUALIFIKATION DER KRANKENHAUSSEELSORGER

Ich habe den Eindruck, dass die Krankenhausseelsorge eine große Akzeptanz in Bistümern und Ordensgemeinschaften hat. Ich weiß, dass Einrichtungen, die von Ordensgemeinschaften gestaltet und getragen werden, sich auch wirklich bemühen, die Seelsorgestellen zu besetzen. Wenn ich so zurückdenke, muss ich doch feststellen, dass die Krankenhausseelsorge in den letzten Jahren eine ganz andere Akzeptanz und Aufwertung erfahren hat. In unserem Bistum ist die Krankenhausseelsorge in den zurückliegenden Jahren verstärkt worden. Doch auch hier befinden wir uns inzwischen in der Normalität des pastoralen Alltags. War es vor einigen Jahren noch sehr leicht, Bewerberinnen und Bewerber für eine solche Stelle zu finden, ist diese Euphorie mittlerweile vorbei. Das liegt wohl daran, dass viele sagen: Das ist für mich nicht der Ort. Oder: Ich möchte das nicht.

Es ist nicht mehr die Aufbruchssituation wie noch vor 25 Jahren. Wo man entdeckt hat, ich kann mich in Krankenhausseelsorge hineinbegeben, um auch psychiatrische Thematisierungen vorzunehmen, ich kann mich breiter qualifizieren. All das ist jetzt so selbstverständlich, dass dieser Schub so nicht mehr da ist. Gerade sehr herausfordernde Stellen sind sehr schwer zu besetzen. Obwohl wir eine gute Bewerberlage auch in pastoralen Diensten haben, ist es für ganz viele nicht der rechte Ort, an dem sie sich vorstellen können zu wirken. Das müssen wir einfach zur Kenntnis nehmen.

Eine zentrale Frage wird sein: Gibt es genügend Kandidatinnen und Kandidaten für die Krankenhausseelsorge? Gibt es genügend, die bereit sind, in diesen Dienst zu gehen? Ich würde sagen, die Standards dürfen wir nicht senken. Wir müssen einen sehr qualifizierten Ausbildungsweg gehen. Sonst gefährden wir unsere Akzeptanz und unsere Glaubwürdigkeit. Ich bin persönlich der Meinung: Lieber eine Stelle nicht besetzen und das aushalten. Wenn wir sie falsch besetzen mit jemandem, der das fachlich und inhaltlich auf Dauer gar nicht kann, der überfordert ist oder eigentlich etwas Anderes will, dann haben wir langfristig nur Schaden und eine fatale Wirkungsgeschichte. Besser wir sagen: Wir haben zurzeit niemanden, aber wir bemühen uns darum.

Vor allen Dingen sind wir auf vernetztes Handeln angewiesen. Das meine ich mit dem umfassenden Begriff von Krankenhausseelsorge. Es darf nicht sein, dass wir Mitarbeiterinnen und Mitarbeiter in der Pflege haben, die gefrustet sind, weil sie Verletzungserfahrungen mit einem Seelsorger oder einem Seelsorgeteam gemacht haben. Noch einmal: Ich bin der Meinung, wir dürfen die Standards nicht senken, sondern wir müssen sie gerade hochhalten. Dies gilt nicht nur für die Seelsorgenden im Krankenhaus.

4. CHRISTLICHE KRANKENHAUSSEELSORGE UND SPIRITUAL CARE

Die Zukunft der Krankenhausseelsorge bewegt sich in diesem Spannungsfeld. Spiritual Care – spirituelle Sorge, Begleitung und Betreuung, Aufmerksamkeit – ist eine junge wissenschaftliche Disziplin im Grenzbereich von Medizin, Theologie, Philosophie und Krankenhausseelsorge. Sie ist ein Feld, das sich in jüngerer Zeit im Gesundheitswesen entwickelt hat und weiter in Entwicklung begriffen ist. Sie beschreibt die gemeinsame Verantwortung aller Gesundheitsberufe für die spirituelle Dimension. Dass die spirituelle Dimension in den Aufgabenkatalog der Palliativmedizin, mittlerweile auch in anderen Fachbereichen und in verschiedenen Gesundheitsberufen aufgenommen worden ist, ist eine große Chance. Der Umgang mit spirituellen Bedürfnissen von Patienten und Patientinnen ist nach Pater Eckhard Frick SJ eine öffentliche Aufgabe, die interprofessionell und interdisziplinär auch in öffentlichen Krankenhäusern wahrgenommen werden muss und eben nicht an eine bestimmte Religionsgemeinschaft delegiert werden kann.

Seelsorge ist in der kirchlichen Tradition ein geprägter Begriff, der die christlich motivierte Sorge um den Menschen bezeichnet. Die deutschen Bischöfe beschreiben in ihrem Hirtenbrief »Die Sorge der Kirche um die Kranken« von 1998 Seelsorge als »Zuwendung zu den Kranken im Geiste des Evangeliums« und als Begleitung in der »Wüste der Krankheit«. Seelsorge bedeutet dabei »das Aushalten der Dunkelheiten und der scheinbaren Abwesenheit Gottes, sie bedeutet auch die Zusage von Heil und Leben im Namen des Gottes mit uns und für uns.«[6]

Die Pastoraltheologin Doris Nauer hat sich in den vergangenen Jahren sehr um die Weiterentwicklung eines Seelsorgeverständnisses bemüht. Für sie ist Seelsorge in der heutigen

6 *Die deutschen Bischöfe*, Die Sorge der Kirche um die Kranken, Bonn 1998, 11.

Zeit ein äußerst komplexes, multidimensionales Geschehen, das von Seelsorgenden in hohem Maß die Entwicklung reflektiver und kreativer Fähigkeiten fordert.[7] Dazu gehört für sie: »Sich professionell sorgen um die ganze komplexe Seele Mensch. Sorge dafür tragen, dass Leben in Fülle (Joh 10,10) erfahrbar wird. Sowohl in Alltags-, als auch in Glücks- und Krisenzeiten. Abhängig von der individuellen kollektiven Lebenssituation und Bedürfnislage. In und trotz Fragmentarität, Krankheit, Gebrochenheit, Not, Einsamkeit, Armut, Sterblichkeit.«[8]

In ähnliche Richtung gehen die Überlegungen von Erhard Weiher. Für ihn liegt christlicher Seelsorge ein Grundmuster zugrunde, das die Aspekte Begleiten *(diakonia)*, Symbolisieren / Deuten *(martyria)* und Begehen / Feiern *(liturgia)* miteinander verbindet. Alle drei Aspekte sind wesentlich bezogen auf die Wirklichkeit Gottes und geschehen in ihrem Horizont.

Mit Andreas und Birgit Heller lassen sich diese Gedanken vertiefen: »Seelsorge wird immer als Beziehungsseelsorge und -geschehen gesehen: im Selbstbezug der seelsorgenden Person, in der Beziehung zum tragenden Grund und zum Horizont des eigenen christlichen Lebensvollzugs, also in der betenden und meditierenden Kommunikation mit Gott, um mit den leidenden Menschen, in denen die Präsenz Gottes erkannt werden kann, in Beziehung zu treten. Begleitung meint immer eine offene Haltung der Begegnung, meint die Bereitschaft und die Fähigkeit, sich auf die Geschichte fremder Menschen einzulassen, Momente davon absichtslos wahrzunehmen und sie im Sinne eines möglichen, explizit religiös kirchlichen Handelns zu deuten, zu segnen, sakramental zu verdichten.«[9]

7 Vgl. D. *Nauer*, Seelsorgekonzepte im Widerstreit, 286–288.

8 Ebd., 281.

9 B. *Heller* / A. *Heller*, Spiritualität und Spiritual Care, S. 82.

Im Konzept christlicher Seelsorge ist also die eigene religiöse und konfessionelle Prägung und Einbindung ein transparenter Teil der persönlichen Identität des Seelsorgers, der Seelsorgerin. Zu einer professionell gestalteten christlichen Seelsorge gehören u. a. die Reflexion der eigenen Position sowie eine selbst gelebte und reflektierte Spiritualität und die Kenntnis der Quellen, aus denen sich christliche Spiritualität/Spiritualitäten speisen. Gleichzeitig jedoch zeichnet sich die Seelsorge in der Begegnung mit Menschen durch eine grundsätzliche Offenheit für deren Fragen und Bedürfnisse aus, unabhängig von ihrer Zugehörigkeit zu einer Religion. Seelsorger haben sich deshalb auch mit Grundzügen verschiedener religiöser bzw. weltanschaulicher Positionen vertraut zu machen.

Wozu Menschen die Begegnung mit Seelsorgenden nutzen, liegt allein bei ihnen. Seelsorger/Seelsorgerinnen bestimmen von sich aus weder Ziel noch Zweck der Begleitung. Noch einmal Birgit und Andreas Heller: »Die Seelsorge wird im Kern aus der Haltung der Absichtslosigkeit betrieben. Die Offenheit und Bereitschaft für mögliche Begegnungen, für eine Beziehung, in der Menschen sich selbst zur Sprache bringen, bilden die Grundhaltung. Sie kann nicht erzwingen und kann weder ihre Effizienz steigern, noch die Intensität der Begegnung auf einer auch nur irgendwie gedachten Skala vermessen. Was sich ereignet, ist im Grunde ein Geschenk in der Haltung der Umsonstigkeit.«[10]

Zwischen traditioneller Seelsorge und Spiritual Care gibt es das gemeinsame Anliegen, Spiritualität nicht zu instrumentalisieren, um gesundheitsbezogene Ziele zu erreichen. Gemeinsam ist weiterhin die herausgehobene Bedeutung der Authentizität für das Gelingen der spirituellen Kommunikation. Spiritual Care wie Seelsorger haben dementsprechend die Freiheit, das Subjekt zu achten und dessen Ausdrucksfähigkeit zu fördern. Sie gehen beide von der Autonomie des Subjekts aus.

10 Ebd., 82.

Am Beispiel Seelsorge in Palliativ Care zeigt sich eine weitere grundlegende Herausforderung, vor der wir in ähnlicher Weise auch in anderen kirchlichen Handlungsfeldern stehen: Es ist wichtig, dass wir als Kirche bzw. kirchliche Seelsorge in gesellschaftlichen Entwicklungen präsent bleiben und diese aktiv mitgestalten. Dabei begeben wir uns auch in andere, nichtkirchliche Systemlogiken, ohne unsere Identität und unseren kirchlichen Auftrag aufgeben zu dürfen. Je nach Situation und Kontext ist deshalb die Unterscheidung notwendig und die Balance zu halten: Wie weit können wir von außen an uns herangetragenen Erwartungen entgegenkommen? Wie können wir z. B. einerseits verlässlich, kooperativ und sprachfähig in ein Team eingebunden sein und andererseits das Proprium kirchlicher Seelsorge schützen etwa durch die Einhaltung der seelsorglichen Schweigepflicht?

Diese ständig notwendige Unterscheidung setzt voraus, dass die Seelsorgenden bereit sind, Spannungen auszuhalten, sie konstruktiv zu gestalten und – um es in einem Bild zu sagen – zu versuchen, die Waagschalen auf gleicher Höhe zu halten. Einfache Lösungen wird es in der Seelsorge niemals geben.

5. WÜNSCHE FÜR DIE KRANKENHAUSSEELSORGE

Mir fällt die Heilung eines Gelähmten durch Petrus ein (Apostelgeschichte 3,1–10). Petrus weiß um seine Grenzen: »Silber und Gold habe ich nicht.« Das gilt auch für Seelsorger. In der Regel haben sie kein Medizinstudium, keine Ausbildung in der Krankenpflege und keine Ausbildung in Homöopathie oder anderen Heilmethoden. Nicht durch handgreifliche Nützlichkeit können sie den christlichen Glauben in die verschiedenen Bereiche und Fragestellungen einbringen.

Ich wünsche mir, dass in unseren Krankenhäusern ein Gespür erhalten bleibt, dass nicht alles einer handgreiflichen Nützlichkeit untergeordnet werden darf (Ökonomisierung). Am Anfang war nicht die Zahl, sondern am Anfang war das Wort (Johannes 1), um es in einer biblischen Priorität auszudrücken. Nicht durch kulturelle Abstützung und soziale Nützlichkeit, sondern durch den Erweis eigener innerer Überzeugungskraft wird in Zukunft christlich-kirchliches Handeln bestimmt sein. Nicht nur im Krankenhaus. Wo Menschen eine Atmosphäre der Absichtslosigkeit gerade im seelsorglichen Raum erleben, kann dies Interesse wecken an dem, was Christen leben und verkünden, und das ist das Evangelium der Erlösung, der Befreiung und der Rettung. Das ist unser Auftrag. Das ist der Auftrag der Krankenhausseelsorge auch für die Zukunft.

LITERATUR

Grom, B., Spiritualität im Gesundheitswesen, in: Stimmen der Zeit 2, 2008, S. 124

Die deutschen Bischöfe, Die Sorge der Kirche um die Kranken, Bonn 1998, S. 11

Frick, E., Sich heilen lassen: Eine spirituelle und psychoanalytische Reflexion, Würzburg 2005.

Heller, B., Heller, A., Spiritualität und Spiritual Care. Orientierungen und Impulse, Bern 2014.

Mai, O. G., Den kranken Menschen verstehen: Für eine Medizin der Zuwendung, Freiburg 2015.

Nauer, D., Seelsorge. Sorge um die Seele, Stuttgart 2010.

Weiher, E., Das Geheimnis des Lebens berühren, Stuttgart ^{4}2014.

Klaus Goedereis

ORTE GELEBTER CARITAS[1]

BEDEUTUNG UND STELLENWERT DER KRANKENHAUSSEELSORGE

Dass so viele engagierte und interessierte Menschen heute hier im Marienhaus sind, um sich mit der Zukunft der Seelsorge im Krankenhaus zu beschäftigen, freut mich außerordentlich.

Parallel findet am heutigen Tag in Berlin auch der sogenannte Hauptstadtkongress statt.[1] Dort geht es um DRGs, Fixkostendegressionsabschläge, Mindestmengen, G-BA, IQTIG, und viele andere spannende und zweifellos wichtige Dinge für Krankenhäuser. Ich bin dankbar, dass wir heute hier in Münster einen inhaltlichen Kontrapunkt setzen und ich aus Sicht eines konfessionellen Krankenhausträgers ein paar Worte und Gedanken zu diesem Thema beitragen darf.

1. BEDEUTUNG DER SEELSORGE IM KRANKENHAUS

Krankenhaus und Seelsorge sind seit den Anfängen einer strukturierten Versorgung und Betreuung kranker Menschen untrennbar miteinander verbunden. Schließlich waren es zumeist Ordensgemeinschaften, Kirchen und Klöster, die ab dem 12./13. Jahrhundert erste Hospitäler und Hospize errichteten und sich institutionell um Kranke und Sterbende kümmerten. Obwohl das Krankenhauswesen in vielen Ländern Europas und weltweit mittlerweile unter staatlich vorgegebenen Rahmenbedingungen arbeitet, gibt es nach wie vor ebenfalls in vielen Ländern sehr viele kirchliche

1 Dieser Text basiert größtenteils auf einem Vortrag, der am 21. Juni 2017 auf dem Kongress ›Zukunft der Krankenhausseelsorge‹ in der St. Franziskus-Stiftung Münster gehalten wurde.

Einrichtungen für kranke Menschen. Speziell in Ländern mit großer Armut und in sogenannten Missionsgebieten sorgen sich heute in erster Linie religiös motivierte Menschen um arme und kranke Menschen.

In Deutschland decken die konfessionellen Krankenhäuser immerhin ca. ein Drittel der gesamten Krankenhausversorgung ab. Nachdem es auch in der katholischen Kirche in Deutschland in den vergangenen Jahren eine intensive Diskussion über die Notwendigkeit der Existenz kirchlicher Krankenhäuser gab, ist meine Wahrnehmung, dass Krankenhäuser auch seitens der verfassten Kirche als wichtige und unverzichtbare Orte gelebter Caritas bzw. Diakonie, aber auch von Liturgie, Gemeinschaft und sicherlich auch Verkündigung gesehen werden. Diese Sicht ist meines Erachtens aus zwei Gründen sehr richtig: Es gibt nur wenige Orte, an denen so viele Menschen zusammenkommen, einige von ihnen regelmäßiger, andere nur punktuell. Krankenhäuser sind Orte, an denen sich häufig Menschen in einer belastenden Lebenssituation aufhalten: mit Sorgen und teilweise existenziellen Ängsten. Aber auch viele Menschen, die sich an 365 Tagen rund um die Uhr um andere Menschen sorgen, diese pflegen und heilen und nicht selten auch bis in den Tod begleiten. Krankenhäuser sind insofern gleichsam Schmelztiegel menschlicher Existenz mit allen Höhen und Tiefen. Krankenhäuser sind damit ideale Orte von und für Seelsorge.

Ebenso ist meine Wahrnehmung, dass neben allen Herausforderungen in der Gemeindepastoral die Kategorialseelsorge einen festen Platz und die Krankenhausseelsorge einen hohen Stellenwert hat. Dafür gilt unser besonderer Dank den Bistümern, den Bistumsleitungen und den dort Verantwortlichen sowie auf evangelischer Seite natürlich in gleicher Weise den Landeskirchen. Auch wenn Krankenhaus-Seelsorge kein Privileg konfessioneller Institutionen ist, so sollten wir als kirchliche Krankenhäuser ein besonderes Augenmerk auf diese wichtige wie sinnvolle Aufgabe legen. Nach unserem Selbstverständnis und mit unserem Menschenbild – der Mensch als Einheit von Körper, Seele und Geist – behandeln und betreuen wir die Menschen nicht nur mit Fokus auf die somatische oder psychische Erkrankung, sondern sollten auch den seelischen Teil bewusst in den Blick nehmen. Auch wenn nicht jeder Patient mit »der Seelsorge« in Kontakt kommt, so ist Seelsorge ein inhärenter Bestandteil unseres medizinisch-pflegerischen Behandlungsprozesses.

Die Franziskus Stiftung Münster hat das explizit in ihrem Leitbild festgeschrieben, und zwar gleich im ersten Kapitel. Dort heißt es unter der Überschrift ›Seelsorge‹: »Die Seelsorge hat in unseren Einrichtungen einen hohen Stellenwert. Gemeinsam mit hauptamtlichen Seelsorgern verstehen sich alle Mitarbeiter für die Seelsorge in den Einrichtungen verantwortlich.«[2] Darüber hinaus enthält unser Leitbild noch eine ganze Reihe weiterer Aussagen, die Bezüge zur Seelsorge haben – etwa in den Kontexten von Wert und Würde des Menschen, von Ethik und Selbstbestimmung und nicht zuletzt von der Art des Umgangs miteinander.

2. KÜNFTIGE HERAUSFORDERUNG UND AUFGABEN

Wenn es um die Zukunft der Krankenhaus-Seelsorge geht, muss man sich natürlich fragen, welche Aufgaben und Herausforderungen es bereits heute gibt und welche sich künftig verstärkt oder neu stellen:

1. Wir leben heute in einer zunehmend säkularen Gesellschaft. Das mag man bedauern oder auch nur als Faktum zur Kenntnis nehmen. Für die Krankenhausseelsorge ist dies Herausforderung und Chance zugleich. Auf der einen Seite stellt sich die Frage, wie man die Menschen ansprechen kann, die sich vielleicht noch nie oder nur sehr rudimentär Gedanken über Glauben, Gott und Spiritualität

2 Leitbild der St. Franziskus-Stiftung Münster, 1.1.16.

gemacht haben. Andererseits stellen sich viele Patienten gerade im Krankenhaus die Frage nach dem Stellenwert von Gesundheit, verbunden mit der Prioritätensetzung im eigenen Leben. Insbesondere bei schwerwiegenden Diagnosen und Erkrankungen stellen sich häufig existenzielle Fragen und Sorgen. Insofern kann man zumindest bei vielen Menschen eine gewisse Bereitschaft unterstellen, sich auf spirituelle Fragen und Glaubensfragen einzulassen. Hier hat Seelsorge als ein »niederschwelliges« Angebot – und das ist nicht despektierlich gemeint – eine große Chance, die Menschen anzusprechen.

2. Patienten sind heute nur noch recht kurz im Krankenhaus. Die Verweildauer beträgt in den meisten Fällen nur noch maximal fünf bis sechs Tage, selbst bei vielen schwierigen Eingriffen. Diese kurze Zeit ist in der Regel gut gefüllt bzw. »getaktet« mit Untersuchungen, Operationen, postoperativer Betreuung etc. Dies engt den Zeitraum für seelsorgliche Kontakte und Gespräche deutlich ein, insbesondere wenn die Notwendigkeit mehrerer Gespräche besteht.

3. Zunehmend haben wir Patienten, oftmals ältere und multimorbide Menschen, deren Lebenssituation sich nach einem Krankenhausaufenthalt ändert, beispielsweise durch eine längere Nachbetreuungszeit. Dann stellt sich auch die Frage, ob sie noch selbstbestimmt allein leben können, ob sie ambulant versorgt werden müssen oder stationär gepflegt werden sollten.

4. Darüber hinaus nehmen tendenziell die schwierigeren und komplizierteren Erkrankungen zu, die oftmals eine deutliche Veränderung der Lebenssituation mit sich bringen. Beide Aspekte erfordern nicht nur eine höhere Aufmerksamkeit für diese Patienten, sondern auch für deren Angehörige, für die sich die Lebensumstände und familiären Herausforderungen ebenfalls ändern.

5. Was ist mit der seelsorglichen »Nachbetreuung« nach dem stationären Krankenhausaufenthalt? Gibt es eine Vernetzung in die Pfarrgemeinden oder die lokalen Strukturen von Caritas und Diakonie und deren Betreuungs- und Beratungsangebote? Hier haben Kirchen und Caritas sowie Diakonie große Netzwerke mit zahlreichen Möglichkeiten, die heute sicherlich noch nicht hinreichend genutzt werden.

6. Nicht zuletzt durch die kürzeren Verweildauern und die damit einhergehende Arbeitsverdichtung hat auch die Arbeitsbelastung zugenommen. Wenn neben der fachlichen Arbeit noch menschliche Sorgen und Nöte der Patienten an die Mitarbeiterinnen und Mitarbeiter herangetragen werden, steigt hier der emotionale oder seelische Druck. Natürlich kann man unter dem Professionalitätsbegriff erwarten, dass die fachliche Betreuung im Vordergrund steht; nicht selten wird auch von einer professionellen Distanz gesprochen, die in Maßen auch richtig ist. Gerade in kirchlichen Krankenhäusern können und müssen wir aber auch erwarten und verlangen, dass die Mitarbeiterinnen und Mitarbeiter ein offenes Ohr für die Sorgen und Ängste von Patienten und Angehörigen haben. Dies ist Voraussetzung dafür, auch die Krankenhausseelsorge ins Gespräch zu bringen. Dies bedeutet aber auch, dass die Mitarbeiterinnen und Mitarbeiter selbst als Zielgruppe der Krankenhausseelsorge immer wichtiger werden. Insbesondere wenn man unterstellt, dass längst nicht mehr alle Mitarbeitende im privaten Umfeld religiös beziehungsweise kirchlich eingebunden sind. Neben den persönlichen, seelsorglichen Gesprächen, die auch mal kurz zwischen »Tür und Angel« stattfinden können, sind auch liturgische und spirituelle Angebote wichtig. Von Auszeiten in der Fasten- und Adventszeit bis hin zu Assisi-Fahrten in unserer Stiftung gibt es hier vielfältige und sinnvolle Möglichkeiten. Dass Krankenhausseelsorge besondere Angebote

für Mitarbeiterinnen und Mitarbeiter macht, gewinnt zunehmend an Bedeutung. Ich nehme das als eine wichtige und bedeutende Bereicherung wahr, freilich eine, die für Sie, die hauptamtlichen Seelsorgerinnen und Seelsorger, auch eine zusätzliche Herausforderung bedeutet.

7. Wie in anderen Berufen und Professionen stellt sich auch für die Krankenhausseelsorge die Frage nach der Personalentwicklung. Gibt es heute und künftig noch genügend Seelsorgerinnen und Seelsorger? Wie können künftig Liturgie und sakramentaler Dienst gewährleistet werden, das heißt: Gibt es bei dem ohnehin bestehenden und sich noch verschärfenden sogenannten »Priestermangel« noch Priester in der Krankenhausseelsorge? Und sind die Seelsorgerinnen und Seelsorger auch bereit, Bereitschaftsdienste und ähnliches zu absolvieren? Wie sehen die Weiterbildungskonzepte und Fachqualifikationen aus, die auf die spezifische Aufgabe im Krankenhaus vorbereiten? Hier bedarf es eines engen Austausches zwischen den Krankenhäusern und den Verantwortlichen in den Diözesen und bei den Landeskirchen, geeignete Personen zu interessieren, gegebenenfalls zu qualifizieren und zu binden.

8. Unser Namenspatron Franz von Assisi war seiner Zeit in vielen Dingen voraus, so auch im Dialog mit anderen Religionen. Er suchte bekanntlich das Gespräch, versuchte zu verstehen und das Gemeinsame zu sehen und zu fördern. Dies ist auch eine wichtige Aufgabe in der Krankenhausseelsorge. Viele Patienten, Angehörige und Mitarbeiter haben eine andere Religionszugehörigkeit, ich nenne hier besonders Menschen muslimischen Glaubens. Dazu gehören selbstverständlich auch Angebote für Patienten dieser Glaubensrichtungen, was einen intensiven Dialog und eine angemessene Organisation erfordert. Besuchsdienst, Betreuung von Schwerkranken und Sterbenden

wie verstorbenen Menschen, interreligiöse Räume der Stille usw. sind wichtige Bausteine im Profil eines konfessionellen Krankenhauses auch für andere Religionen. Bei allen Fragen und auch Problemen sollte man diese Frage mit franziskanischer Tradition und Ruhe betrachten und dann hausindividuell entscheiden. Eine christliche Krankenhausseelsorge, die auf Menschen anderer Religionen eingeht und entsprechende Angebote schafft, verwässert nicht ihr Profil, sondern kommt ihrem Auftrag in besonders umfassender Weise nach.

9. Und schließlich gibt es noch rechtliche Herausforderungen, die wir im Blick behalten müssen. So zum Beispiel die Frage der Einbindung von Seelsorgern in ethische Fallbesprechungen und die damit verbundene Frage des Datenschutzes. Hier muss es praktikable wie rechtssichere Lösungen geben. Hier sind auch die Spitzenverbände und Bistümer gefordert.

All diese und weitere Aufgaben und Herausforderungen sind sicherlich ambitioniert. Ich meine diese Aspekte als Chance begreifen zu müssen, dass wir gerade den Menschen, die sich uns und unseren Institutionen anvertrauen, in einer für sie besonderen und zumeist belastenden Lebenssituation seelsorglich zur Seite zu stehen.

3. SEELSORGEAUFTRAG ALLER MITARBEITENDEN

Mit Krankenhausseelsorge verbinden wir an erster Stelle die institutionalisierte und gleichsam professionelle Seelsorge. Sie ist der zentrale Bestandteil oder Nukleus einer strukturierten und organisierten Seelsorge im Krankenhaus.

Nicht nur angesichts der Zunahme von Personalproblemen halte ich auch eine ergänzende Seelsorge durch Ehrenamtliche für sehr sinnvoll. Wir in der Franziskus Stiftung haben sehr gute Erfahrungen damit gemacht. Voraussetzung ist dabei eine gute Fort- beziehungsweise Weiterbildung für diese Tätigkeit, die wir gemeinsam mit dem Bistum Münster entwickeln konnten. Ferner muss es eine vernünftige Anbindung an die institutionalisierte Krankenhausseelsorge geben. Ich finde es aber mehr als unterstützenswert, wenn wir hoch engagierten Menschen ermöglichen, ihre Fähigkeiten und ihre Zeit einzusetzen für Gespräche mit Patienten, nicht selten auch eine längerfristige Begleitung chronisch kranker und schwerkranker Menschen.

Schließlich bin ich der Überzeugung, dass alle Mitarbeiterinnen und Mitarbeiter in unseren Einrichtungen einen seelsorglichen Dienst erbringen. So steht es ja auch in der erwähnten Formulierung in unserem Leitbild. Theologisch mag diese Auffassung vielleicht nicht hundertprozentig abgesichert sein. Ich meine aber, dass durch die Art der Zuwendung, die freundliche Geste, ein gutes Wort, ein Lächeln und einen kurzen Zuspruch auch die Seele des Gegenübers, insbesondere des Patienten, angesprochen wird. In Gesprächen mit Mitarbeitenden sage ich deshalb gern, dass Krankenhausseelsorge nur bedingt delegierbar ist: Natürlich dient sie zur professionellen Unterstützung; aber letztlich sollte jeder seinen wie auch immer gearteten Beitrag leisten.

Wenn wir diesen Ansatz ernst nehmen, müssen wir natürlich auch unsere Mitarbeiterinnen und Mitarbeiter ansprechen, interessieren und befähigen. Wir müssen Angebote zur religiös-spirituellen Selbstreflexion machen, und wir als Träger müssen unseren Anspruch klar formulieren.

4. EINBINDUNG UND BETREUUNG DER SEELSORGENDEN

Es gibt immer wieder die Diskussion, ob und in welcher Form Seelsorgende in die Leitungsstrukturen eines Krankenhauses eingebunden sind oder sein sollten. Es gibt auch durchaus Institutionen, in denen dies so umgesetzt wird. Hier muss jeder Träger und jedes Krankenhauses seinen eigenen Weg finden. Ich persönlich bin diesbezüglich eher vorsichtig.

Nicht weil ich den Seelsorgerinnen und Seelsorgern keine Leitungsfunktion zutraue. Ich bin deshalb zurückhaltend, weil dann möglicherweise erhebliche zeitliche Ressourcen für allgemeine Leitungsaufgaben und Organisationsfragen des Krankenhauses aufgewendet werden, so dass sie für das seelsorgliche Gespräch fehlen. Außerdem ist man in einer Leitungsfunktion immer im Zweifel, ob sich insbesondere Mitarbeiter mit ihren Sorgen und Nöten einem anvertrauen. Hier kann es sehr schnell zu Rollenkonflikten kommen.

Wichtig finde ich hingegen eine sehr regelmäßige und institutionalisierte Kommunikation zwischen Seelsorge und Krankenhausleitung. Einerseits über Entwicklungen in den seelsorglichen Aufgaben, aber auch über Hinweise von Patienten, Angehörigen und Mitarbeitern über Probleme und Verbesserungspotenziale.

Auch sollten institutionalisierte Jahresgespräche geführt werden, in denen die Aufgaben, Ziele, Ressourcen usw. systematisch besprochen werden, so dass gegebenenfalls Maßnahmen vereinbart und nachgehalten werden. In fast allen anderen Berufsgruppen im Krankenhaus sind solche Gespräche seit Jahren üblich, und es gibt gute Erfahrungen damit.

Darüber hinaus sollten wir einen weiteren Punkt bewusst ansprechen: Was ist mit der Betreuung der Seelsorger? Wo bleiben diese mit Ihren Sorgen und Nöten? Gibt es hier genügend Angebote des Gesprächs, des Austausches, der geistlichen Begleitung und der Supervision? Vielleicht sogar Angebote speziell für solche Seelsorgerinnen und Seelsorger, die wie Sie kontinuierlich mit Menschen in Extremsituationen zu tun haben? Ich bin kein Experte im Bereich der Begleitungsangebote, die Ihre Anstellungsträger, die Diözesen und Landeskirchen, Ihnen hier machen. Aber möglicherweise gibt es da noch Luft nach oben.

5. FAZIT

So komme ich abschließend wieder auf den Anfang meines Statements zurück. Ich halte die Krankenhausseelsorge für unsere Institutionen wie auch insgesamt für Krankenhäuser für eine äußerst wichtige, zentrale Aufgabe. Krankenhausseelsorge ist inhärenter Bestandteil unserer medizinisch-pflegerischen Behandlungs-, Heilungs- und Betreuungsprozesse. Krankenhausseelsorge hat darüber hinaus meiner Überzeugung nach auch für die Wahrnehmung der Kirche und damit für die Kirche insgesamt eine sichtbare und wichtige Funktion und sollte deshalb auch in Zukunft gefördert und unterstützt werden.

Lydia Bendel-Maidl / Eckhard Frick

KENOTISCHE GASTFREUNDSCHAFT

CHRISTLICHE KRANKENHAUSSEELSORGE IN EINER RELIGIÖS PLURALEN GESELLSCHAFT

EINFÜHRUNG. Es ist eines der seltenen Motive christlicher Kunst, das mich (L.M.) seit Kindheit prägt: Auf dem barocken Altarbild meiner Heimatpfarrkirche nähert sich Thomas erstaunt und freudig dem Auferstandenen, der ihm einladend seine Wundmale zeigt, beide umgeben vom Kreis der Jünger. Schon als Mädchen faszinierte mich dieses Bild; eine liebevolle Zuneigung ist spürbar im Geschehen zwischen den Hauptakteuren Jesus und Thomas, beides »gestandene« Männer; die anderen Jünger geben diesem Geschehen Raum, in recht verschiedener Haltung, wohlwollend, neugierig, sich abgrenzend, stützend, skeptisch… Heute ist mir bewusst, dass ich auf diese Weise mit einer Ursprungserfahrung für Christsein aufgewachsen bin: Der bis zum Tod geschundene Jesus trägt auch als Auferstandener die Wunden. Sie gehören unverkennbar zu ihm, sind Signum seiner Identität.

Verwundung und Vulnerabilität gehören nach christlicher Erfahrung elementar zum Weg des Menschen, auch zum heilsamen, »auferweckenden« Geschehen zwischen Mensch und Gott. Was bedeutet dies je neu für den konkreten Umgang mit Leid, Krankheit und Schmerz?

In zwei Themenfeldern wird die Frage nach den Spezifika des Christlichen gegenwärtig in der Krankenhausseelsorge kontrovers gesehen:

- in den Debatten über die Begriffe »Klinikseelsorge« und »Spiritual Care« einerseits und
- in der Frage nach Räumen der Stille oder für den religiösen Vollzug verschiedener Religionen andererseits.

1. CHRISTLICHE KLINIKSEELSORGE UND SPIRITUAL CARE

Traugott Roser, Professor für Praktische Theologie an der Evangelisch-theologischen Fakultät Münster, hat in der überarbeiteten zweiten Auflage seiner Habilitationsschrift eine Veränderung vorgenommen, die exemplarisch für die aktuellen Diskussionen ist: Setzte er in der ersten Auflage im Jahr 2007 Klinikseelsorge und Spiritual Care weitgehend ineins, so differenziert er im Jahr 2017 klarer. Unter dem Titel »Spiritual Care« geht es ihm um den »Beitrag von Seelsorge zum Gesundheitswesen« (Untertitel). Er akzentuiert einerseits die Bedeutung christlicher Seelsorge bei der Organisation spiritueller Begleitung in unterschiedlichen Bereichen des Gesundheitswesens, andererseits wertet er zusätzlich zur bisher zentral bedachten ethischen Funktion von Seelsorge »die Bedeutung präsentischen Verharrens und rituellen Handelns« programmatisch auf.[1]

Im Hintergrund steht eine teils sehr heftige Debatte. Von Seiten Praktischer Theologinnen und Theologen sowie von Krankenhausseelsorgerinnen und -seelsorgern wurde und wird die sich entwickelnde Sensibilität für Spiritual Care in Medizin, Pflege und anderen Gesundheitsberufen teilweise als Frucht eigener jahrzehntelanger Bemühungen begrüßt und unterstützt, teilweise als dilettantische Laien-Seelsorge durch Nicht-Theologen eher kritisch verfolgt. Dabei ist zu beachten, dass im deutschsprachigen Raum Hauptakteure von Spiritual Care christliche Theologen sind. Simon Peng-Keller führt unnötige Polarisierungen in der Diskussion darauf zurück, dass gilt: »Ungeachtet der Pluralität von heterogenen Modellen wird ›Spiritual Care‹ nämlich in den meisten Texten *mit einem bestimmten Ansatz* identifiziert.«[2] Den Hintergrund bilden auch berufspolitische Ängste, die aus internationalen Vergleichen erwachsen, etwa die Sorge vor

1 Vgl. Traugott *Roser*, Spiritual Care, 468.

2 Simon *Peng-Keller*, »Spiritual Care« im Werden, 175.

einem Rückzug der Kirchen aus der Krankenhausseelsorge zu Gunsten des entprofessionalisierten Ehrenamtes und eines pflegerischen oder medizinischen Spiritual Care als eines (schlechten) Seelsorge-Ersatzes. Positiv betrachtet werden durch diesen Disput Ressourcen und Qualitäten christlicher Seelsorge deutlich, die bestehende Strukturen und rechtliche und verwaltungsmäßige Regelungen (noch?) geben, und die Chancen der Mitgestaltung bei den anstehenden Aufgaben der Öffnung und Wandlung angesichts der gesellschaftlichen Entwicklungen.[3]

2. SPIRITUELLE RÄUME IM GESUNDHEITSWESEN

Anhand der Frage des Raums für religiöse Vollzüge im Gesundheitswesen wird aktuell sowohl das Verhältnis von Religion und Gesellschaft diskutiert als auch die Rolle unterschiedlicher Religionen oder einer neutralen Spiritualität. Exemplarisch sind Diskussionen am Centre Hospitalier Universitaire Vaudois (Waadtländisches Kantons- und Universitätsspital) Lausanne. Ausgangspunkt ist, dass dort – wie in den meisten Krankenhäusern – vorhandene spirituelle Räume weitgehend in der Hand der christlichen Kirchen sind und dass den christlichen Seelsorgenden die Reflexion und Konzeptentwicklung für eine Öffnung (mit)übertragen wird. Die Extrempositionen sind auf der einen Seite: »Ich halte fest, was Meines ist (Identitätsbestätigung durch Rückzug); mit all den religiösen Objekten und Symbolen schließe ich in gewisser Weise die Anderen aus.« Auf der anderen Seite des Spektrums: »Ich entferne alles, was spezifisch ist.« Aus dem Gespräch mit den dortigen Seelsorgenden zwei Aspekte:[4]

3 Als Einblick in exemplarische Positionen der Diskussion vgl. Lydia *Maidl*, Spiritual Care als Praxis und Wissenschaft. Herausforderungen und Chancen für Seelsorge und Diakonie.

4 Vgl. Eckhard *Frick*, »Ich hab's verbunden, Gott hat's geheilt«, und ders., Ein Laboratorium für die spirituelle Entwicklung der Zivilgesellschaft.

- Für »neutrale« Gruppen, die Achtsamkeitsangebote in der Kapelle üben, müssen auf Wunsch der Gruppe vom diensthabenden Seelsorger die christlichen Zeichen (Kreuz, Bibel, Ikone) entfernt und der Altar an die Wand gerückt werden. Bei den Seelsorgenden löst diese Aufgabe unterschiedliche Emotionen aus: Einen Seelsorger und eine Seelsorgerin schmerzt dies; sie empfinden es als einen »Sinnverlust«. Ein anderer Seelsorger sieht sich davon unabhängig; für ihn ist das innere Geschehen der Gottesbegegnung entscheidend. Auch im Wald oder bei einer Umgestaltung der Kapelle mit Natursymbolen kann er sich betend als Christ einfinden.

- Zusätzlich zur Kapelle gibt es eine neutrale Halle, einen laikalen Ort, der sonntags ad hoc in einen Gottesdienstraum transformiert wird. Es entsteht ein Übergangsraum mit einer spontanen Gemeinde. Diese Halle ist benannt nach dem berühmten Chirurgen Ambroise Paré, dessen Ausspruch in großen Lettern an der Wand hängt: « Je le pansay, Dieu le garit » (Ich hab's verbunden, Gott hat's geheilt, oder auch: ich habe ihn [den Kranken] verbunden, Gott hat ihn geheilt). Es gibt keine religiösen Bilder und Utensilien, aber es gibt gleichsam eine medizinische Ikone mit einem berühmten Satz, die auf etwas Anderes hin öffnet.

Alexander K. Nagel, Soziologe und Religionswissenschaftler in Göttingen, zeigt mit seinen empirischen Forschungen auf,[5] dass die Initiative zur Einrichtung multireligiöser oder interreligiöser Räume oder von Räumen der Stille in Krankenhäusern häufig von muslimischen Anfragen, oft durch die örtlichen Moscheegemeinden, ausgeht und die Konzeptentwicklung dann meist unter der Leitung oder engen Einbindung der christlichen Seelsorgenden und

5 Vgl. Alexander-Kenneth *Nagel*, Kontaktzone, und ders., Cui bono?.

in Verbindung mit kommunalpolitischen Gremien erfolgt. Interreligiöse Konfliktlagen führen zu einer meist widerwilligen Öffnung. Unter »multireligiösen Räumen« versteht er Räume, »in denen mindestens zwei Religionen explizit dargestellt sind. Im Unterschied dazu zeichnen sich interreligiöse Räume durch eine allgemeine religiöse Anmutung aus, die nicht oder nur sehr implizit auf religiösen Repräsentationen beruht.« »Räume der Stille« ist dafür ein Oberbegriff.[6] Entstehung und Nutzung reichen von Spannungsfeldern der interreligiösen Nutzung,[7] Kompromissen bis hin zu »christlich-islamischer Gastfreundschaft« mit einem Konzept von »Herberge auf Zeit«[8]. Speziell konfessionelle Krankenhäuser schwanken bei der Einrichtung von Räumen der Stille angesichts einer religiösen Pluralisierung von Mitarbeitenden und PatientInnen »zwischen einer allgemeinen Themenanwaltschaft für religiöse Vielfalt und konkreten symbolpolitischen Anliegen, was sich auch im Nebeneinander von klassischen Kapellen und Räumen der Stille zeigt«[9]. Der Schwerpunkt liegt bei den »Räumen der Stille« auf multireligiösen Räumen, die sich an den fünf Weltreligionen orientieren; die bewusste Beschränkung auf Christentum und Islam ist selten. Nagel hebt hervor: »Interreligiöse Räume zeichnen sich dadurch aus, dass sie traditionelle Grenzziehungen vermeiden oder verwischen.« Sie unterstellen oft »eine allgemeinmenschliche Anlage für Spiritualität (Universalität) oder greifen unwillkürlich auf traditionelle Gestaltungsmaßnahmen zurück.«[10]

6 Ebd., Kontaktzone, 36.

7 Ebd., Kontaktzone, 45–47, und Cui bono, 67.

8 Ebd., Kontaktzone, 39–41.

9 Ebd., 2.

10 Ebd., 53.

Stefanie Duttweiler, Soziologin und Sozialpädagogin, beobachtet bei ihren empirischen Forschungen zur architektonischen Gestaltung von multireligiösen Räumen in säkularen Kontexten (Bahnhöfe, Einkaufszentren, Fußballstadien) eine »ambivalente Gleichzeitigkeit von deklarierter Offenheit gegenüber anderen Religionen und der architektonischen und sozialen Schließung ihnen gegenüber. So werden in den Räumen, in denen religiöse Neutralität angestrebt wird, die Besonderheiten jeder Religion negiert. Und auch in den Räumen, in denen die fünf Weltreligionen symbolisch adressiert werden, wird sie jedoch gestalterisch in keinem Fall (angemessen) repräsentiert.«[11] Ihr Fazit ist, dass Religion weiterhin ihren Platz in und für die Gesellschaft hat, dass es zu neuen Zuordnungen kommt. Die baulich gestalteten Antworten »›zähmen‹ die Ansprüche des Religiösen und entschärfen zugleich das Säkulare«[12].

Sakrale Räume werden auf neue Weise zu einem integralen Bestandteil der säkularen Welt, ob sie genutzt werden oder nicht: Durch einen Sakralraum wird ein Einkaufszentrum als eine vollständige Einheit nach Art eines Dorfes empfunden, so gewinnt ein Fußballstadion eine ganzheitliche Dimension, so können auch Prestige-Bauvorhaben realisiert werden, da gerade religiöse Räume für Architekten der Gegenwart eine besondere Attraktivität haben.[13] Dass christliche Räume anderen Religionen geöffnet werden, aber auch dass multireligiöse Räume in Gestaltung und Atmosphäre eindeutig christlich geprägt sind, moniert sie: »Letzteres zeugt von einer gastgebenden und somit (ungewollt?) paternalistischen Haltung, die den nichtchristlichen Religionen gerade keinen eigenständigen Platz einräumt.«[14]

11 Stefanie *Duttweiler*, Entschärfte Säkularisierung, 292.

12 Ebd., 292.

13 Carola *Jäggi*, Architektur und Sakralität, 23.

14 Ebd., 292.

Was Gastfreundschaft (*hospitalitas*) bedeuten kann, dass sie nicht, wie Duttweiler nahelegt, notwendig »paternalistisch« sein muss, ist eine zentrale Spur für unsere impulsgebenden Überlegungen.

3. IMPULSE

Jede Zeit – so wie jede Person – hat ihre Handschrift des Christlichen (idealerweise entsprechend den Zeichen der Zeit, oft aber auch in einer Differenz und Spannung dazu). Welche Spezifika können Christinnen und Christen heute in die Sorge um Kranke und ihre Angehörigen einbringen? Aus den aktuellen Diskussionsfeldern heraus möchten wir drei Impulse formulieren:

3.1 »Aufgeklärter Respekt«

Traugott Roser sieht den Beitrag der Klinikseelsorge für »Spiritual Care« im Krankenhaus in besonderer Weise in einer Leitungs- und Koordinationskompetenz, um die Dimension von Spiritualität und Religion ins multidisziplinäre Gespräch einzubringen und präsent zu halten. Sein Fokus liegt dabei auf der Organisationsebene und einem systemischen Verständnis von Seelsorge: Den Spezialisten komme es zu, Religion und Spiritualität im Gespräch zu halten.[15] Dies möchten wir stützen und kritisch erweitern: Spiritualität und Religion als Bedürfnis und Ressource ins Gespräch zu bringen, lässt sich nicht nur als genuin religiöses Anliegen betrachten, sondern als Ausdruck einer aufgeklärten Grundhaltung: Adelheid Fiedler hat dies für das Feld der Beratung und des Coaching unterstrichen, indem sie Begriff und Konzept von »Säkularität« von Knut Wenzel aufgreift: »Säkularität heißt heute nicht das Gegenteil von Religion, sondern

15 Traugott *Roser*, Spiritual Care, v. a. 483–510.

bewusste Ermöglichung von Pluralität.«[16] Im Anschluss an Wenzel arbeitet sie heraus, dass Säkularität als »Raum der Begegnung zwischen den vielen Weltbeschreibungsoptionen«[17] voraussetzt, dass dieser Raum von niemandem vereinnahmt werden darf, dadurch aber auch »ungeschützt ist, da er von keiner Seite her absolut begründet werden kann. Jede Überzeugungstradition muss, so Wenzel, diesen säkularen Raum paradoxerweise aus ihrer jeweiligen Tradition heraus begründen, und muss ihn zugleich frei geben für die anderen Überzeugungstraditionen mit ihren jeweiligen Begründungen.«[18] Dabei ist grundlegend: »Für die Förderung der religiösen Selbstreflexion bei anderen ist eine gründliche Selbstreflexion hilfreich und notwendig. Wenn Thematisierung von Religion und Religiosität gelingt, sollte dies, so die Hoffnung, zu größerem Respekt in sozialen Beziehungen beitragen.«[19]

Nimmt man die so markierten Voraussetzungen ernst, ergibt sich daraus eine zentrale Rückfrage an Rosers Aufgabenstellung: Will sich christliche Seelsorge bewusst in die Herausforderung der Freigabe und Moderation eines solchen Raumes geben? Sieht sie darin vielleicht sogar etwas spezifisch Christliches?

Der Turiner Philosoph Gianni Vattimo vertritt die These, dass alle heute zu beobachtenden Säkularisierungstendenzen in der christlichen Religion selbst angelegt sind: »Säkularisierung als positive Gegebenheit heißt, dass die Auflösung der sakralen Strukturen der christlichen Gesellschaft [...]

16 Adelheid *Friedler*, Aufgeklärter Respekt – Säkularität als Beratungshaltung, in: Gruppendynamik und Organisationsberatung 46 (2015) 125–135, hier 125.

17 Knut *Wenzel*, Gott in der Moderne. Grund und Ansatz einer Theologie der Säkularität, in: Knut *Wenzel* / Thomas M. *Schmidt* (Hg.), Moderne Religion? Theologische und religionsphilosophische Reaktionen auf Jürgen Habermas, 2009, 347–376.

18 Adelheid *Fiedler*, Aufgeklärter Respekt, 131.

19 Ebd., 125.

nicht als Schwinden oder Verabschiedung des Christentums zu verstehen ist, sondern als eine vollkommene Erfüllung seiner Wahrheit, die […] die kenosis ist, die Herablassung Gottes.«[20]

Ulrich Engel zieht daraus ekklesiologische Konsequenzen: »Letztlich also kann der leere Himmel als Konsequenz des christlichen Glaubens verstanden werden. Theologisch begründet ist dieser Zusammenhang in der *kenosis*. Gemäß Vattimos These vom ›schwachen Denken‹ (»pensiero debole«) wäre ekklesiale Existenz in einer säkular gewordenen Gesellschaft systematisch-theologisch als ›schwache‹ Existenz zu fassen. Zusammen mit Schweizers oben dargestellter Analyse, nach der es Phil 2,6f. vor allem um die Dekonstruktion von Status, Position und Stellung zu tun ist, kann die im Anschluss an Vattimo als schwach gedachte Kirche als eine ekklesía ohne Privilegien definiert werden – um Papst Franziskus zu bemühen: als ›verbeulte‹ Kirche eben.«[21]

Was braucht es dann an Grundhaltungen, evtl. auch an Veränderungen? Wie könnte also heute ein »aufgeklärter Respekt« vor religiöser Pluralität als eine besondere Erwartung an christliche Seelsorge aufgenommen werden? Könnte hier die spezifische Reflexions- und Sprachkompetenz christlicher Theologie zum Tragen kommen?

Freilich sind wir dabei erst am Beginn – über eine eher dogmatische Sprache hinaus und auch anders als eine Gebetssprache –, für persönliche Gotteserfahrungen Ausdrucksformen zu finden. In solchem Respekt begegnen wir dem Geheimnis des Menschen und dem Geheimnis Gottes in jedem Menschen.

20 Gianni *Vattimo*, Glauben – Philosophieren. Aus dem Italienischen von Christiane Schultz, 44f.

21 Ulrich *Engel*, Kirche unter leerem Himmel.

3.2 Die Schwelle überschreiten – Gastfreundschaft

Christliche Seelsorge hat noch vielerorts das Privileg, über Räume verfügen und damit Gastgeberin sein zu können, auch in den Kliniken. Mit der Möglichkeit, Gastfreundschaft zu gewähren, rücken auch jesuanische Vollzüge in den Blick, die den innersten Kern des Christlichen bilden: die Fußwaschung (Joh 13) als Dienst am Gast, der das Haus betritt; das Angebot eines Mahles mit dem Urbild von Abrahams Einladung zum Mahl an die drei Fremden, das uns mit Juden und Muslimen verbindet. Jesu Aufforderung, die Fremden zu beherbergen, in der »Kleinen Apokalypse« des Matthäusevangeliums (Mt 25) hat christliche Frömmigkeit (Sieben Werke der Barmherzigkeit) geprägt und insbesondere durch die Verankerung in der Benediktsregel (Kap. 53) zu einer Kultur der Fremdenspeisung und Gastfreundschaft in vielen Klöstern geführt und schließlich zur Ausbildung des Hospizwesens und zur Gründung zahlreicher Krankenpflege-Orden, z. B. des Hospitalordens des heiligen Johannes von Gott mit dem eigenen Gelübde der Hospitalität (Gastfreundschaft).

Gastfreundschaft braucht eine gemeinsame Kultur bei Gastgeber und Gastfreund: Beide lassen sich (dienend) aufeinander ein. Im Lateinischen steht das Wort *hospes* für Gast und Gastgeber, im Französischen das Wort *l'hôte* ebenso. *hostis* ist der Fremdling, der Feind.

Beide kommen in Kontakt miteinander, es entstehen räumliche und menschliche »Kontaktzonen«, die letztlich Gast und Gastgeber nicht unberührt und unverändert lassen können. Darauf weisen die jüdischen Philosophen Emmanuel Lévinas und Jacques Derrida mit philosophisch-politischen Überlegungen hin. Derrida[22] unterscheidet zwischen bedingter und absoluter Gastfreundschaft: Gastfreundschaft sei einerseits Teil des Ethos: Sie ist »einem Recht, einem

22 Jacques *Derrida*, Von der Gastfreundschaft, 26.

Brauch, einem ›ethos‹, einer ›Sittlichkeit‹ eingeschrieben«. Sie wird dem Fremden geschuldet, ist aber an Bedingungen geknüpft. Davon unterscheidet Derrida eine »absolute und unbedingte Gastfreundschaft« Solche Gastfreundschaft ist vielmehr freie Gabe: Sie ist mit einem »Schritt«, dem Überschreiten einer »Schwelle«, verbunden. Damit ist verbunden, dass sich die Beziehung zwischen Gast und Gastgeber entscheidend zu verändern beginnt. Derrida zeigt auf, dass die Rollen getauscht werden: »Der Herr der Einladende, der einladende Gastgeber wird also zur Geisel [...] Und der Gast, die eingeladene Geisel, wird zum Einladenden.«[23]

Wie kann die Dynamik der Unbedingtheit einer Gastfreundschaft ausgestaltet werden, wenn christliche Seelsorgende die Aufgabe haben, den Anderen gemäß deren Eigenarten und Bedürfnissen Raum zu geben? Indem Christinnen und Christen Menschen anderer Religionen oder Weltanschauungen in den christlichen Gottesdienstraum einladen oder neue Konzeptionen entwickeln, in denen die Eigenarten der Anderen sichtbar und hörbar werden dürfen, werden sie in gewisser Weise zur »Geisel«. Es greift dann zu kurz, wenn die Klärung der Frage religiöser Pluralität auf die räumlich-funktionale Ebene reduziert wird. Es geht um ein Überschreiten der Schwelle, also auch um ein Miteinander. Der Gast darf zum Gastgeber werden, indem er das Seine zeigt, dem sich der Gastgeber öffnet, und ebenso umgekehrt.

Die interreligiösen Räume kennzeichnet ein eher reduziertes Nebeneinander. Im Evangelischen Krankenhaus Herne entwickelte man ein Konzept der »Herberge auf Zeit«, indem eine Kapelle und ein muslimischer Gebetsraum nebeneinander realisiert sind: beide Religionen in ihrem Eigenen, in ihrer Identität, eintretend durch eine gemeinsame Tür.[24]

23 Ebd., 90f.

24 Alexander-Kenneth *Nagel*, Kontaktzone, 40f.

Welche Begegnungen sind möglich? Zukunftsweisend und hoffnungsvoll ist es, wenn von muslimischer Seite der Wunsch formuliert wird, dass es möglich sei, dass ein Christ von einem muslimischen Imam am Krankenbett begleitet wird und umgekehrt.[25] Finden wir uns dann wieder als gemeinsam Suchende und vom göttlichen Geheimnis Berührte? Ist es ein Dritter, der uns beherbergt und Gastfreundschaft gewährt? Für den unser Herz brennt und der uns die Augen füreinander auftut?

Der französische Jesuit und Kulturphilosoph Michel de Certeau spricht von »Transit«, von den vielen »Kontaktzonen« und dem »Zwischen«, in dem sich heutige Glaubenspraktiken als Suchbewegungen herausbilden. Die Voraussetzung ist ein »Nicht-Festhalten« (so auch der Hinweis des Auferstandenen an Maria von Magdala). Glauben ist daher für Michel de Certeau »Erfahrung von Zerbrechlichkeit, Mittel, der Gast eines Anderen zu werden, der beunruhigt und leben macht.«[26]

Vielleicht gewinnen dann auch »Übergangsräume« eine besondere Bedeutung. Denn Gastfreundschaft richtet sich sowohl in der Hospitaltradition als auch in der Tradition sakraler Räume an jedermann, besonders an »Nomaden und Verwundete« unserer Zeit.[27] Dies bedeutet auch, dass wir selbst das eigene Nomadentum wieder entdecken, auch in Bezug auf den Glauben: verstärkt uns auch als Suchende wahrnehmen und zeigen, heraus aus einer vielleicht zu häuslichen Sicherheit des Glaubens und fester Räumlichkeiten, hin zu spontanen Räumen und Übergangsräumen.

25 Dies äußerte der Imam Abu Ahmed Yakobi, muslimischer Theologe, Leiter des Ausschusses für den interreligiösen Dialog und Vorstandsmitglied der SCHURA (Hamburg) beim Schnelsener Herbstgespräch am 28.10.2016 im Rahmen der IGGS Jahrestagung zu Spiritual Care und Islam in Hamburg (28./29.10.2016).

26 Michel *de Certeau*, GlaubensSchwachheit.

27 Vgl. Hermann *Glettler*, Gastfreundschaft im Kirchenraum, 123–131.

3.3 In den Wunden das Leben ertasten

Tomáš Halík stellt den Thomas des Johannesevangeliums, der die Wunden Jesu schauen und berühren möchte, als einen vor, der in besonderer Weise verstanden hat, was »Auferstehung« meine, insofern sie unser Menschsein, unsere irdische Realität in ihrem Ernst bewahrt, ihr Würde gibt, die Wunden auch im Osterlicht nicht »entleert«.[28]

Halik sieht Chance und Aufgabe für das Christentum in der Gegenwart darin, sich als »eine Verwandlung des Lebens« zu verstehen. Der Weg dazu sei nicht die Verkündigung einer Wahrheit, sondern die Verkündigung geschehe über die Wunden, die wir in uns, bei anderen, in der Welt entdecken, annehmen und von denen wir uns berühren lassen zu einer »tiefgreifenden Verwandlung des Lebens«[29]. In der Lebensgeschichte großer geistlicher Gestalten des Christentums war die Begegnung mit leidenden Menschen der Wendepunkt: Franz von Assisi, Ignatius von Loyola, Johannes von Gott, Mutter Teresa … In dieser Berührung strahlte ihnen etwas vom Licht des Auferstandenen auf, eine Ahnung von göttlicher Zuwendung und Liebe.

Das Krankenhaus ist der Ort, an dem sich die schwache Seite des Menschseins wie in einem Brennpunkt zeigt, Not, Schmerz, Verzweiflung, Angst, das Schreien – wie dies in Jesu Schrei am Kreuz kulminierte. Kenneth I. Pargament[30] zeigt anhand von empirischen Forschungen, dass spirituelles Coping häufig als Kampf (*struggle*) geschieht. Er sieht darin Chancen und Gefahren, insbesondere unterstreicht er, wie wichtig es ist, dass dieser Prozess sozial, insbesondere durch

28 Vgl. Tomáš *Halík*, Berühre die Wunden. Über Leid, Vertrauen und die Kunst der Verwandlung, 17f.

29 Ebd., 84f.

30 Zum spirituellen Coping vgl. Kenneth I. *Pargament*, 215–218. Vgl. auch *Hisham Abu-Raiya* et al., Understanding and Addressing Religious and Spiritual Struggles in Health Care, 126–134.

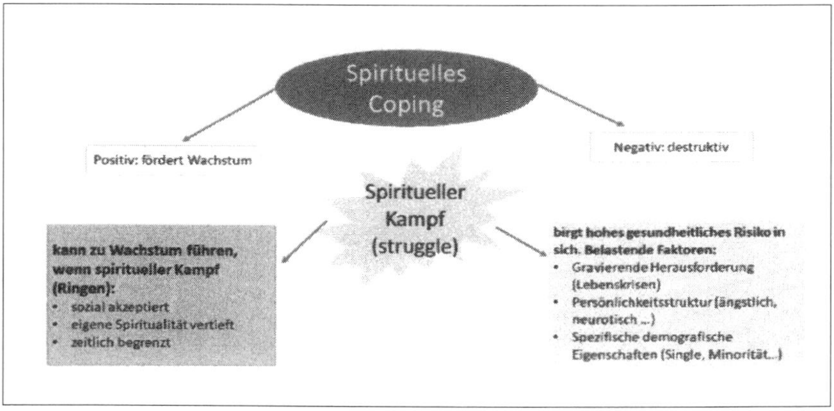

Ambivalenz des »spirituellen Kampfes« (nach Pargament 2018)

die Religionsgemeinschaften akzeptiert und gut begleitet wird.

Christliche Begleitung kann ihr Spezifikum einbringen, indem sie dieses Kämpfen und Durchstehen von Leid und Schmerz annimmt, das Hindurchgehen, die Übergänge wahrnimmt und wertschätzt und die Dynamik offen zu halten versucht: auf Leben hin, gegen den Sog der Verzweiflung. Das Wissen über spirituelle Wege, Krisen und Prozesse, das traditionell vor allem in den Ausbildungstraditionen religiöser Gemeinschaften und Orden weitergegeben wurde, gewinnt an Bedeutung. Es ist eine Aufgabe, die theologischen und spirituellen Traditionen in den Dialog mit den Humanwissenschaften einzubringen und für das spirituelle Caring zu erschließen.

In der konkreten Begleitung braucht dies oft keine Worte, sondern eher ein Da-Sein in einer Haltung des Vertrauens. Sie übernimmt auf menschliche Weise, wie der Gott des Exodus, der das Volk aus der Not herausführte, sich zu erkennen gibt: JHWH – ich bin der Ich bin da.

Auf der Basis unserer reichen Tradition wird dieses einfache Dasein verbunden mit einer Ritualkompetenz: Rituale können helfen, diese Geschehnisse des Übergangs zu begleiten. Indem sie Menschen berühren, physisch oder/und seelisch, können sie dabei helfen, sich zu öffnen, sich dem anheim zu geben, was ist und was geschieht:

Vertrauensvolle Präsenz kann sich zeigen in Worten beim Segnen und Singen, durch Berührung beim Salben, durch Mit-Atmen. Vorsichtig und sensibel kann »Gott« als Deutehorizont für Erfahrungen eingebracht werden.[31]

Sich als begleitende und als begleitete Person miteinander anheim zu geben in die Wunden des eigenen Lebens und des/der Anderen und sich zu öffnen – das könnte auch gemeint sein mit dem Wort aus dem Römerbrief: »Der Geist selbst tritt mit Seufzen bei Gott für uns ein.« (Röm 8,26)

FAZIT. Räume und Rituale sind wichtig für das Spezifische (Heterotopos und Heterochronie), das christliche Seelsorge ins Krankenhaus bringt. Im Ausgesetztsein und einer Schutzlosigkeit, die Menschen in den Situationen von Krankheit und Sterben erfahren, kommt einer »Beheimatung« in der Konkretheit vertrauter Formen, Zeichen, Lieder, räumlicher Gestaltung oft große Bedeutung zu, als einer Art Rückzugs- und Sammlungsmöglichkeit in dem, was zum eigenen »Allerheiligsten« gehört. Andererseits hat in soziologischer Sicht (N. Luhmann) Religion durch ihre Leitkodierung immanent vs. transzendent die gesellschaftliche Funktion des Umgangs mit dem Unbestimmten, auch und gerade in den spirituellen Suchbewegungen kranker Menschen und der sie Betreuenden. Trotz aller Selbstvergewisserung christlicher Seelsorge und der berechtigten Suche nach ihrem Proprium gehört zur Authentizität in der Begegnung auch das Verzichten auf Bestimmtheit, die letztlich in einer Haltung kenotischer Gastfreundschaft wurzelt:

»dann ist Spiritualität jene Form, die auf noch weniger Bestimmtheit setzt und sich ganz auf die Authentizität

31 Vgl. Monika *Renz*, Gotteserfahrung in Leid und Sterben, 426f.

des Sprechers verlässt. Spiritualität wäre dann eine religiöse Form, die anschlussfähig wird, wenn religiöse Inhalte selbst zum Problem werden, d.h. wenn selbst die religiöse/konfessionelle/kirchliche/rituelle Form der Kommunikation von Unbestimmtheit noch zu viel Bestimmtheit enthält – dann bleibt tatsächlich nur Authentizität als Form. Authentizität wäre dann als eine kommunikative Form zu verstehen, die nicht in erster Linie auf gute Gründe setzt, sondern auf den Sprecher selbst« bzw. die Sprecherin.[32]

LITERATUR

Abu-Raiya, H. / *Pargament*, K. I. / *Exline*, J., Understanding and Addressing Religious and Spiritual Struggles in Health Care, in: Health & Social Work 40 (2015), 126–134.

De Certeau, M. (2009), GlaubensSchwachheit, Stuttgart: Kohlhammer.

Derrida, J. (2001), Von der Gastfreundschaft, hg. von P. Engelmann, Wien: Passagen.

Duttweiler, S. (2017), Entschärfte Säkularisierung – gezähmte Religiosität – (multi-)religiöse Räume als räumliche Materialisierungen der Postsäkularisierung. Geogr. Helv. 72, 283–294.

Engel, U., Kirche unter leerem Himmel. Skizzen zu einer kenotischen Ekklesiologie für post/moderne Zeiten. http://www.futur2.org/article/kirche-unter-leerem-himmel (abgerufen 3.5.2018)

Frick, E. (2019), »Ich hab's verbunden, Gott hat's geheilt.« Gespräch mit dem römisch-katholischen Priester Dominique Jeannerat, wird erscheinen in: Spiritual Care 8 (2019), Heft 1.

–, E. (2018), Ein Laboratorium für die spirituelle Entwicklung der Zivilgesellschaft. Ein Gespräch mit Daniel Levasseur und Valérie Campoare (Waadtländisches Kantons- und Universitätsspital CHUV. Lausanne), wird erscheinen in: Spiritual Care 7 (2018), Heft 4.

Fiedler, A. (2015), Aufgeklärter Respekt – Säkularität als Beratungshaltung, in: Gruppendynamik und Organisationsberatung 46 (2015), 125–135.

Glettler, H. (2017), Gastfreundschaft im Kirchenraum. Der Kirchenraum in der Spannung von gewachsener Vertrautheit und gastfreundlicher Offenheit, in: ThPQ 165 (2017), 123–131.

32 *Nassehi*, Spiritualität. Ein soziologischer Versuch, 32–44.

Halík, T. (2015), Berühre die Wunden. Über Leid, Vertrauen und die Kunst der Verwandlung, Freiburg: Herder.

Jäggi, C. (2011), Architektur und Sakralität – Geschichte einer Zuschreibung, in: *Nollert,* A. / *Volkenandt,* M. / *Gollan,* R. / *Frick,* E. (Hg.), Kirchenbauten in der Gegenwart. Architektur zwischen Sakralität und sozialer Wirklichkeit, Regensburg: Pustet, 23–30.

Maidl, L. (2018), Spiritual Care als Praxis der Wissenschaft. Herausforderungen und Chancen für Seelsorge und Diakonie, wird erscheinen in: *Hörnig,* T. / *Mutschler,* B. (Hg.), Diakoniewissenschaft zwischen Dienst, Dialog und Diversität, Baden-Baden: Nomos.

Nagel, A.-K. (2015), Kontaktzone oder Spannungsfeld? Multireligiöse Räume in religionssoziologischer Perspektive, in: *Beinhauer-Köhler,* B. / *Roth,* M. / *Schwarz-Boenneke,* B. (Hg.), Viele Religionen – Ein Raum. Analysen, Diskussionen und Konzepte, Berlin: Frank und Timme, 35–54.

–, A.-K. (2016), Cui bono? Soziologische Einsichten zur Funktion und Nutzung multireligiöser Räume, in: *Erne,* T. / *Noss,* P. / *Bracht,* C. (Hg.), Open Spaces. Räume religiöser und spiritueller Vielfalt, Weimar: Jonas Verlag, 61–70.

Nassehi, A. (2011), Spiritualität. Ein soziologischer Versuch. In: *Frick,* E. / *Roser,* T. (Hg.) Spiritualität und Medizin. Gemeinsame Sorge für den kranken Menschen. Stuttgart: Kohlhammer, 35–44.

Pargament, K. I. (2018), The Wasan Island talk with Eckhard Frick and Traugott Roser, in: Spiritual Care 7 (2018), Heft 2, 215–218.

Peng-Keller, S. (2017), »Spiritual Care« im Werden. Zur Konzeption eines neuen Interdisziplinären Forschungs- und Praxisgebiets, in: Spiritual Care 6 (2017), Heft 2, 175–181.

Renz, M. (2006), Gotteserfahrung in Leid und Sterben. Megatrend Spiritualität oder Erfahrung mit Gott?, in: Diakonia 37 (2006), 426–430.

Roser, T. (2017), Spiritual Care. Der Beitrag von Seelsorge zum Gesundheitswesen, 2. erweiterte und aktualisierte Auflage, Stuttgart: Kohlhammer.

Vattimo, G. (1997), Glauben – Philosophieren. aus dem Italienischen von Christiane Schultz, Stuttgart: Reclam.

Wenzel, K. (2009), Gott in der Moderne. Grund und Ansatz einer Theologie der Säkularität, in: *ders.* / *Schmidt,* T. M. (Hg.), Moderne Religion? Theologische und religionsphilosophische Reaktionen auf Jürgen Habermas, Freiburg: Herder, 347–376.

Simon Peng-Keller

KRANKENHAUSSEELSORGE

SPEZIALISIERTE SPIRITUAL CARE IM HORIZONT DES CHRISTLICHEN HEILUNGSAUFTRAGS

Eine soziologische Analyse der Prozesse, die das Aufgabenfeld der Krankenhausseelsorge derzeit umwälzen, trägt in Anspielung auf einen preisgekrönten Spielfilm den Titel »Lost in Translation« – »Verloren in der Übersetzung«.[1]

Der mehrdeutige Titel verweist auf die Herausforderungen der Seelsorge in säkular geprägten Gesundheitsinstitutionen. Geht das Anliegen, dem diese Profession dient, in den Übersetzungen, die ihr abverlangt werden, verloren? Verliert sie sich selbst im Versuch, ihr Selbstverständnis in die Deutungswelt der Gesundheitsberufe zu übersetzen? Doch worin besteht dieses Selbstverständnis, wenn jene Form konfessioneller Seelsorge, die sich in der zweiten Hälfte des 20. Jahrhunderts in Abgrenzung zu vorgängigen Formen herauskristallisierte, heute selbst revisionsbedürftig erscheint? Um die gegenwärtigen Entwicklungen bewusst mitzugestalten, bedarf es seitens der Seelsorge und der für sie verantwortlichen Institutionen zweierlei: einer klaren Situationsanalyse und einer Vision des künftigen Auftrags. Der vorliegende Beitrag setzt an beiden Enden an. Er überblickt zunächst die gegenwärtig stattfindenden Transformationsprozesse, die Ort und Rolle kirchlich beauftragter Krankenhausseelsorge in den kommenden Jahren merklich verändern werden. Daran anschließend werden die Konturen einer Seelsorge skizziert, die sich in den Übersetzungen, die ihr abverlangt werden, gerade nicht verliert, sondern neu profiliert. Möglich ist ihr

1 Raymond *De Vries* / Nancy *Berlinger*/ Wendy *Cadge*, Lost in Translation. The Chaplain's Role in Health Care, Hastings Center Report 2008, 9–13.

das gemäß der hier vertretenen Überzeugung, wenn sie sich im interprofessionellen Kontext als »spezialisierte Spiritual Care« und zugleich als eine konkrete Gestalt des christlichen Heilungsauftrags versteht.

1. KIRCHLICH BEAUFTRAGTE SEELSORGE IN EINEM SICH WANDELNDEN GESUNDHEITSWESEN

Christliche Krankenhausseelsorge wird dadurch bestimmt, dass sie sich mit kirchlichem Auftrag in einem säkular geprägten und weltweit verflochtenen Gesundheitswesen bewegt, das seinerseits Teil einer zunehmend pluralistischen Gesellschaft ist. Die aktuellen Veränderungen in Kirche, Gesundheitswesen und Gesellschaft betreffen die Krankenhausseelsorge unmittelbar:

- Angesichts sinkender personeller und finanzieller Ressourcen stehen die Kirchen im deutschen Sprachraum gegenwärtig vor der Frage, in welcher Weise und Intensität sie künftig seelsorglich im Gesundheitswesen präsent sein können.
- Mit der zunehmenden Globalisierung der Medizin und dem wachsenden Bewusstsein dafür, dass eine gute Gesundheitsversorgung auch spirituelle Aspekte einzubeziehen habe, steht die Seelsorge vor die Herausforderung, sich im Kontext interprofessioneller Spiritual Care neu zu verorten.
- Angesichts der religiösen und weltanschaulichen Pluralisierung stellt sich die Frage nach den Möglichkeiten, dieser wachsenden Vielfalt seelsorglich entsprechen zu können.

Obwohl die Transformationsprozesse in Kirche, Gesundheitswesen und Gesellschaft einander beeinflussen, sind sie deutlich voneinander zu unterscheiden. Das Aufkommen interprofessioneller Spiritual Care ist nicht direkt mit den kirchlichen und gesellschaftlichen Veränderungen in Westeuropa verknüpft, sondern es stellt eine Entwicklung auf globaler Ebene dar. Dass das Anliegen, die spirituelle Dimension in die Gesundheitsversorgung einzubeziehen, seit den 1960er Jahren mehr und mehr in den Fokus der Gesundheitspolitik trat, ist nicht zuletzt dem Ökumenischen Rat der Kirchen zu verdanken, der sich durch die *Christian Medical Commission* auch in die WHO einbrachte. Dabei ging es insbesondere um sozialpolitische Anliegen, die religiös und säkular motivierte Akteure miteinander verband. Bemerkenswert ist ebenso, dass die Entwicklung einer interprofessionellen Spiritual Care nicht auf säkular geprägte Länder begrenzt ist, sondern auch in Ländern wie dem Iran und der Türkei stattfindet. Es waren denn auch vorwiegend Vertreter aus islamisch geprägten Ländern, die innerhalb der 36. Weltgesundheitsversammlung im Jahre 1983 die spirituelle Dimension zum Thema machten. Bei den Vertretern der kommunistisch regierten Nationen stießen sie mit ihrem Anliegen zunächst auf Unverständnis und Widerstand.[2] Dass es schließlich möglich wurde, im Jahre 1984 eine gemeinsame Resolution zu verabschieden, die den Mitgliedsstaaten nahelegte, künftig die spirituelle Dimension in der Gesundheitsversorgung zu berücksichtigen, verdankte sich der Bereitschaft der an dieser Diskussion Beteiligten, ihre religiös oder säkular motivierten gesundheitspolitischen Ideale in die offene Terminologie der ›spirituellen Dimension‹ zu übersetzen.

Exemplarisch nachzeichnen lässt sich dieser Übersetzungsprozess an der Gestalt des damaligen Generaldirektors der WHO. Halfdan Mahler, dessen Mutter aus einer deutschen Ärztefamilie stammte und dessen Vater baptistischer Prediger war, entschloss sich nach einer streng religiösen Kindheit in Dänemark, Medizin zu studieren, und entdeck-

2 Simon *Peng-Keller*, »Spiritual Care« im Werden. Zur Konzeption eines neuen interdisziplinären Forschungs- und Praxisgebiets, in: Spiritual Care 6 (2017), 187–193.

te seine Berufung im Engagement für eine bessere Gesundheitsversorgung.[3] Nach seiner Wahl zum neuen Generaldirektor im Jahre 1973 bekundete der charismatische Redner und Visionär, er sei tief bewegt und zittere zugleich »physisch, intellektuell und spirituell« angesichts der ihm nun bevorstehenden Aufgabe. Mahler machte sich nicht nur für das Anliegen stark, die »spirituelle Dimension« in die Gesundheitsversorgung einzubeziehen, sondern er verstand das Engagement für eine gerechtere Gesundheitspolitik selbst als spirituelle Aufgabe. In einem späten Interview beschrieb er seinen vielleicht größten gesundheitspolitischen Erfolg, die hart errungene Erklärung von Alma-Ata im Jahre 1978, in diesen Worten: »Es herrschte eine beinahe spirituelle Atmosphäre, nicht im religiösen Sinne, aber in der Weise, dass die Menschen etwas Großes zu vollbringen trachteten. [...] Durch die Bereitschaft, um der gemeinsamen Ziele ein Opfer zu bringen, erreichten wir einen spirituellen Konsens.«[4] Das sozialethische Grundanliegen, dem die Alma-Ata Erklärung Geltung verschaffte, kann als säkularisierte Version jener Überzeugung verstanden werden, die christlich inspirierte Ärzte in der ersten Hälfte des Jahrhunderts zu einem Engagement in medizinischer Mission inspirierte: dass der Gleichheit der Menschen vor Gott eine gerecht verteilte medizinische Versorgung entsprechen sollte.[5]

Selbst wenn Mahlers persönliches Verständnis nicht zum Maßstab für die Auslegung der offiziellen Dokumente genommen werden darf, so ist doch seine Identifikation des Spirituellen mit hohen gesundheitspolitischen Idealen und

3 Tine *Hanrieder*, ›Mahler, Halfdan Theodor‹, in: IO BIO, Biographical Dictionary of Secretaries General of International Organizations, Edited by Bob *Reinalda*, Kent J. *Kille* and Jaci *Eisenberg*, www.ru.nl/fm/iobio.

4 http://www.who.int/bulletin/volumes/86/10/08–041008/en/ (Abruf: 28.12.2017).

5 Pamela E. *Klassen*, Spirits of Protestantism. Medicine, Healing, and liberal Christianity, Bekeley 2011, 5.

einem Engagement für das Wohl der anderen kennzeichnend für den Versuch der WHO, der weltanschaulichen Pluralität ebenso Rechnung zu tragen wie der gesundheitspolitischen Bedeutung von Glaubensüberzeugungen aller Art. Die Rede von der »spirituellen Dimension«, die sich während der 36. und 37. Weltgesundheitsversammlung herauskristallisierte, stellt insofern einen gesundheitspolitischen Kompromiss dar, als sie sowohl religiös als auch säkular interpretiert werden kann. Was diese unterschiedlichen Verständnisse verbindet, ist die Rückbindung an gemeinsame gesundheitspolitische Anliegen und die Orientierung an das Ethos der allgemeinen Menschenrechte, zu denen auch das Recht auf einen Zugang zur medizinischen Versorgung zu zählen ist. Die WHO spricht insofern nicht deskriptiv, sondern evaluativ von der spirituellen Dimension.

Dass in den letzten beiden Dekaden des 20. Jahrhunderts die »spirituelle Dimension« in die globale Gesundheitspolitik eingeführt wurde und die damit verbundenen Anliegen durch nationale und lokale Palliative Care-Strategien aufgenommen und weitergeführt wurden, kann als »stille Revolution« bezeichnet werden.[6] Still vollzog sie sich insofern, als sie Mitte der 1980er zumindest im deutschsprachigen Raum kaum bemerkt wurde und noch heute in ihrer Tragweite und ihren Konsequenzen für die Seelsorge unterschätzt werden dürfte. Zwar war die moderne Medizin in ihrer naturwissenschaftlich-technischen Ausrichtung immer schon von der Suche nach ganzheitlicheren Alternativen begleitet worden. Die Anliegen, die auf den genannten Weltgesundheitsversammlungen zum Durchbruch kamen, waren alles andere als neu. Dass sie jedoch innerhalb eines Gremiums thematisiert und rezipiert wurden, das die globale Gesundheitspolitik koordinieren und steuern soll, stellt einen entscheidenden Durchbruch dar. Auch wenn damit nur einer von mehreren

6 B. *Heller* / A. *Heller*, Spiritualität und Spiritual Care. Orientierungen und Impulse, Bern 2014, 87.

Faktoren benannt ist, die in den letzten Jahrzehnten zur Herausbildung des interdisziplinären Forschungs- bzw. interprofessionellen Praxisgebiets Spiritual Care führten, dürften die Entwicklungen innerhalb der WHO zu jenen gehören, die mit einem ›Sperrklinkeneffekt‹[7] verbunden sind. Einmal geschehen, lassen sie sich zwar abschwächen, doch nicht rückgängig machen, weil sie einen Bewusstseinswandel einleiteten. Nach Peter J. Brown ist »Global health«[8] die größte soziale Bewegung des frühen 21. Jahrhunderts. Die globale Verbreitung westlicher Schulmedizin, die in der ersten Hälfte des 20. Jahrhunderts noch eng mit Mission und Kolonialismus verknüpft war, wirft nicht allein Fragen der Verteilungsgerechtigkeit und der Solidarität auf, sondern sie bildet auch den Kontext, in dem die Rolle von religiös-spirituellen Akteuren und Angeboten im Feld der Gesundheitsversorgung neu ausgelotet wird. Parallel zur wachsenden Globalisierung der Gesundheitsversorgung führen nicht zuletzt die anhaltenden Migrationsbewegungen dazu, dass die säkular geprägten Welten hiesiger Kliniken sich in religiös-spiritueller Hinsicht weiter ausfächern werden.

2. CHRISTLICH INSPIRIERTE SPIRITUAL CARE

Die christliche Krankenhausseelsorge im deutschsprachigen Raum wird durch diese Entwicklungen vor eine doppelte Herausforderung gestellt: Zum einen verliert sie die Alleinzuständigkeit für die spirituellen Belange von Patientinnen und Patienten und wird ihre Aufgaben zunehmend in interprofessionellen Gefügen wahrzunehmen haben. Insofern

7 Charles *Taylor*, Ein säkulares Zeitalter, Frankfurt a.M. 2009, 465.

8 *Global health* ist zu beschreiben als »an area for study, research, and practice that places a priority on improving health and achieving health equity for all people worldwide« (Peter J. *Brown*, Religion and Global Health, in: Ellen L. *Idler* (Ed.), Religion as a Social Determinant of Public Health, Oxford 2014 (published online: DOI:10.1093/acprof:oso/9780199362202.003.0020).

in diesem Zusammenhang auch die klassischen Unterscheidungen zwischen Leib und Seele, Körper und Geist, biomedizinischer Leibsorge und kirchlicher Seelsorge immer weniger selbstverständlich sind, bedarf es zum andern auch einer grundsätzlichen Besinnung auf die Rolle kirchlich beauftragter Seelsorge im Kontext einer Gesundheitsversorgung, die sich als pluralistisch und säkular versteht und sich gleichzeitig den spirituell-religiösen Anliegen und Hintergründen von Patientinnen und Patienten (und ihrer An- und Zugehörigen) öffnet. Im Folgenden sollen zwei Perspektiven entworfen werden, diese beiden Herausforderungen kreativ zu beantworten. Im Kontext interprofessioneller Spiritual Care kann sich die Krankenhausseelsorge als spezialisierte Spiritual Care einbringen (2.1). Der berechtigten oder unberechtigten Sorge, dass eine solche interprofessionelle Einbindung dazu führe, dass die Krankenhausseelsorge sich an vorherrschende medizinische Leitbilder anpasse und ihr christliches Eigenprofil sich abschwäche, kann durch eine aktualisierende Rückbesinnung auf den christlichen Heilungsauftrag begegnet werden (2.2).

2.1 Krankenhausseelsorge als spezialisierte Spiritual Care.[9] Im Zusammenhang mit jenen Veränderungen im Gesundheitswesen, die zu einem interprofessionellen Verständnis von Spiritual Care führen, werden hinsichtlich der Krankenhausseelsorge gegenwärtig drei Optionen vertreten: eine ter-

9 Ich greife in diesem Abschnitt zurück auf die folgenden Vorarbeiten: Simon *Peng-Keller*, Spiritual Care und klinische Seelsorge im Horizont globaler Gesundheitspolitik. Chancen und Herausforderungen, in: Thomas *Hagen* / Norbert *Groß* / Wolfgang *Jacobs* / Christoph *Seidl* (Hgg.), Seelsorge im Krankenhaus und Gesundheitswesen. Auftrag – Vernetzung – Perspektiven, Freiburg i. Br.: Herder 2017, 47–55; ders., Spitalseelsorge und Spiritual Care im Schweizer Gesundheitswesen Analyse eines aktuellen Transformationsprozesses, in: René *Pahud de Mortanges* / Hansjörg *Schmid* / Irene *Becci* (Hg.), Spitalseelsorge in einer vielfältigen Schweiz. Interreligiöse, rechtliche und praktische Herausforderungen, Zürich 2018, 29–56.

minologische und konzeptuelle Profilierung der Krankenhausseelsorge in kontrastiver Abgrenzung zu ›Spiritual Care‹, die mit einem bestimmten, medizinisch geprägten Konzept identifiziert wird;[10] die Transformation kirchlich geprägter Seelsorge in eine sich transreligiös verstehende Spiritual Care;[11] und schließlich die Neupositionierung der Krankenhausseelsorge als spezialisierte Spiritual Care in Unterscheidung und Ergänzung zu gesundheitsberuflichen Formen von Spiritual Care. Da es mit Blick auf die faktische Vielfalt von Spiritual Care-Modellen und deren christliche Hintergründe nicht weiterführend sein dürfte, christliche Seelsorge kontrastiv zu ›der‹ Spiritual Care zu profilieren, und das Modell einer transreligiösen oder säkularen Seelsorge vor der Schwierigkeit steht, dass es innerhalb des spirituell-religiösen Feldes keinen neutralen Standpunkt gibt und niemand unterschiedliche Traditionen und Gemeinschaften gleichzeitig repräsentieren kann, spricht vieles für die dritte Option.

Die für diese Option konstitutive Unterscheidung zwischen allgemeiner und spezialisierter Spiritual Care kann aus unterschiedlichen Perspektiven entworfen werden.[12] Aus medizinischer Sicht erscheint sie als Differenzierung hinsichtlich des Spezialisierungsgrads. Sie ist analog zu jener zwischen Allgemeinpraktikern und Fachärzten zu verstehen. Krankenhausseelsorger(innen) sind demzufolge Spezialis-

10 Doris *Nauer*, Spiritual Care statt Seelsorge?, Stuttgart 2015.

11 Kevin *Massey*, Surfing through a Sea Change. The Coming Transformation of Chaplaincy Training. Reflective Practice: Formation and Supervision in Ministry, 35 (2015), 144–152.

12 Anne *Vandenhoeck*, Chaplains as specialists in spiritual care for patients in Europe, in: Polskie archiwum medycyny wewnętrznej 123 (2013), 552–556; Shane *Sinclair* / Harvey M. *Chochinov*, The role of chaplains within oncology interdisciplinary teams, in: Current Opinion in Supportive and Palliative Care 6 (2012), 259–268; Thomas *Hagen* / Josef *Raischl*, Allgemeine und spezielle Kompetenzen in Spiritual care, in: E. *Frick* / T. *Roser* (Hgg.), Spiritualität und Medizin. Gemeinsame Sorge für den kranken Menschen, Stuttgart 2009, 280–288.

t(inn)en in einem Aufgabenfeld, in dem Pflegefachpersonen, Ärztinnen und Ärzte und andere gesundheitsberufliche Fachpersonen einen Grundversorgungsauftrag wahrnehmen. Aus theologischer Sicht liegt der Unterschied zwischen allgemeiner und spezialisierter Spiritual Care hingegen nicht allein in einem unterschiedlichen Spezialisierungsgrad, sondern in einer anderen Beauftragung und einer spezifischen Repräsentationsaufgabe. Kirchlich beauftragte Krankenhausseelsorger(innen) sind religiöse »Vertrauensintermediäre«[13]. Sie repräsentieren eine bestimmte Glaubenstradition und fungieren in säkularen Gesundheitsinstitutionen als Ansprechpersonen für spirituell-religiöse Fragen und Anliegen.[14]

Als solche sind klinische Seelsorgerinnen und Seelsorger in vielfältiger Weise im Einsatz. Neben der spirituellen Begleitung und psychosozialen Unterstützung von Patientinnen und Patienten sowie der Gestaltung von Gottesdiensten und Trauerritualen arbeiten Seelsorgende u. a. in Ethikkomitees und Care-Teams mit und bieten Weiterbildungen und Meditationskurse für Mitarbeitende an. Immer öfter werden der Seelsorge als spezialisierter Spiritual Care auch koordinative, beratende und qualitätssichernde Aufgaben zuwachsen. Man kann diese Vielseitigkeit unterschiedlich betrachten: als Verlust eines klaren professionellen Rollenprofils oder gerade umgekehrt als Ausweis dafür, wie flexibel sich die Seelsorge an die immer komplexer werdenden Innenwelten von

13 Vgl. Simon *Peng-Keller*, Kommunikation des Vertrauens in der Seelsorge, in: I. U. *Dalferth* / S. *Peng-Keller* (Hgg.), Kommunikation des Vertrauens, Leipzig 2012, 101–132.

14 Vgl. Christoph *Morgenthaler*, Träume in Todesnähe. Ansatzpunkte und Chancen für die seelsorgliche Begleitung Sterbender, in: P. *Bühler* / S. *Peng-Keller* (Hgg.), Bildhaftes Erleben in Todesnähe. Hermeneutische Erkundungen einer heutigen ars moriendi, Zürich 2014, 47–62, hier 61: »Systemisch betrachtet kann Seelsorge im interdisziplinären Zusammenspiel als Angebot für grundlegende Fragen verstanden werden, die sich in gesellschaftlichen Teilsystemen wie jenem der Medizin nicht ruhig stellen und erledigen lassen: für Kontingenz und letzte Fragen, die sich Behandlungsroutinen entziehen.«

Gesundheitsinstitutionen anzupassen vermag. Der genannte Trend hat insofern paradoxe Züge, als das, was als »Spezialseelsorge« bezeichnet wird, immer stärker zu einem Arbeitsfeld wird, das kaum weniger bunt ist als jenes der Gemeindeseelsorge. Dass in der beschriebenen Aufgabenvielfalt die Gefahr einer Verzettelung liegt, ist schwer zu übersehen.[15] Wie lassen sich die unterschiedlichen (Teil-)Rollen, die Seelsorgende in heutigen Spitälern wahrnehmen, so miteinander verbinden, dass sie zu einer Stärkung und nicht zu einer Schwächung des professionellen Profils führen?

Damit die seelsorglichen Kernkompetenzen nicht hinter der Vielfalt der Aufgaben verschwinden, bedarf es einer reflektierten Integration der nicht professionsspezifischen Aufgaben in das primäre Verantwortungsfeld.[16] Ähnliche Integrationsaufgaben haben auch die anderen im Bereich Spiritual Care tätigen Berufsgruppen zu leisten. Die zunehmende Komplexität von Gesundheitsinstitutionen spiegelt sich in komplexen Berufsrollen. So müssen beispielsweise Fachärzte in ihrer Tätigkeit verschiedene Teilrollen mit je eigenen Kompetenzen ausfüllen. Nach dem weit verbreiteten CanMeds-Modell[17] sollte eine gute Fachärztin neben ihrer spezifischen medizinischen Expertise auch eine gute Managerin,

15 Kritisch äußern sich dazu *de Vries / Berlinger / Cadge*, Lost in Translation (s. Anm. 1).

16 Stefan *Gärtner* unterscheidet im Anschluss an Jan H. *Mooren* zwischen einem primären und einem sekundären Referenzkader der Krankenhausseelsorge und hält fest: »Das primäre Referenzkader steuert […] die Berufsausübung. Dass darin eine bestimmte Wirklichkeitsauffassung dominant ist, schließt nicht aus, dass es sekundäre Referenzkader gibt, die ebenfalls Teil einer professionellen Identität sind.« (Krankenhausseelsorge vor der Herausforderung Spiritual Care. Die praktischtheologische Debatte und ihre professionstheoretischen Konsequenzen, in: Praktische Theologie 51 (2016), 50–58, hier: 56)

17 Jason R. *Frank*, The CanMEDS 2005 physician competency framework, The Royal College of Physicians and Surgeons of Canada: http://www.ub.edu/medicina_unitateducaciomedica/documentos/CanMeds.pdf (Abruf: 6.1.2018).

Kommunikatorin und Teamarbeiterin sein sowie die andauernde Bereitschaft haben, sich weiterzubilden, ihr Wissen weiterzugeben und als Fürsprecherin für ihre Patientinnen und Patienten einzutreten.

Versucht man, das vielschichtige Rollenprofil der Krankenhausseelsorge in analoger Weise auszuformulieren, zeigen sich ähnliche Teilrollen. In interprofessionellen Konstellationen kommt seelsorglichen Fachpersonen nicht zuletzt die Aufgabe zu, zwischen sehr unterschiedlichen Diskursformen zu vermitteln und zwischen unterschiedlichen Rollen hin und her zu wechseln. Sie bedürfen der Fähigkeit eines bewussten Code-Switching, das sich von chamäleonartigen Anpassungsleistungen dadurch unterscheidet, dass in der Art, wie die unterschiedlichen Rollen gefüllt werden, die Prägung durch eine bestimme religiöse Tradition erkennbar bleibt. Im Unterschied zu gesundheitsberuflichen Formen von Spiritual Care, die als Teilaspekt des gesundheitsberuflichen Grundauftrags zu verstehen sind, zeichnet sich die Krankenhausseelsorge als spezialisierte Spiritual Care dadurch aus, dass die eigene Verortung im spirituellen Feld mit der beruflichen Rolle verknüpft und damit auch auskunftspflichtig ist. Wenn sich eine solche transparente Selbstverortung mit der Bereitschaft und der Fähigkeit verbindet, sich interessiert auf fremde religiös-spirituelle Welten einzulassen, ist sie kein Hindernis in inter- und transreligiösen Konstellationen, sondern eine Voraussetzung dafür, sie in differenzsensibler Weise gestalten zu können.

2.2 Krankenhausseelsorge als besondere Gestalt des christlichen Heilungsauftrags. Dass Verkündigung und Heilung im Wirken Jesu und seiner Nachfolger sich eng miteinander verknüpften, war kein Zufall.

Im heilenden und entdämonisierenden Wirken, das in wechselnden Mischungen kurative, palliative und karitative Aspekte umfasste, konkretisierte sich die Zusage göttlicher Gegenwart im Hier und Jetzt. Die daran anknüpfenden Versuche, dem christlichen Heilungsauftrag zu entsprechen, lockerten die Verschränkung von Heilsverkündigung, charismatischer Heilpraxis und karitativer Zuwendung.[18] Während die charismatische Heilpraxis im Laufe der Jahrhunderte von sehr unterschiedlichen Akteuren wahrgenommen wurde – asketischen Thaumaturgen, visionär begabten Prophetinnen, heilkräftigen Königen, pfingstkirchlichen Christen etc. –, verkörperte sich die tätige Sorge für Kranke, Alte und Sterbende in all jenen, die in der pflegerischen und medizinischen Versorgung von Kranken und Sterbenden ihre besondere Berufung erkannten und Institutionen wie Krankenhäuser, Hospize und karitative Kongregationen ins Leben riefen. Besonders folgenreich erwies sich die aus der griechischen Tradition ererbte Unterscheidung zwischen Leibärzten und Seelenärzten und deren Verkoppelung mit jener zwischen diesseitigem und jenseitigem Heil.

Wenn sich kirchlich beauftragte Seelsorger über die Jahrhunderte hinweg am Dienst an Kranken und Sterbenden beteiligten, so war es die Sorge um das Seelenheil, was ihren Dienst bestimmte. Nicht der christliche Heilungsauftrag war der Horizont, in dem sie sich gewöhnlich bewegten, sondern die pastorale Verantwortung ihren Gemeinden gegenüber. Die historische Gegebenheit, dass sich die moderne Krankenhausseelsorge im Laufe des 20. Jahrhunderts aus der gemeindeseelsorglichen Aufgabe entwickelte, kranke und sterbende Pfarreiangehörige zu besuchen und die betroffenen Familien zu unterstützen, hat nicht allein in struktureller, sondern auch in seelsorgetheoretischer und ausbildungspraktischer Hinsicht eine lange Nachgeschichte. Um sich seelsorglich in einem gewandelten Gesundheitswesen als spezia-

18 Enno E. *Popkes*, Der Krankenheilungsauftrag Jesu. Studien zu seiner ursprünglichen Gestalt und seiner frühchristlichen Interpretation, Neukirchen-Vluyn 2014; A. *Weissenrieder* / G. *Etzelmüller* (2010): Christentum und Medizin. Welche Koppelungen sind Lebensförderlich?, in: G. *Etzelmüller* / A. *Weissenrieder* (Hgg.), Religion und Krankheit, Darmstadt, 11–34.

lisierte Spiritual Care einbringen zu können, muss man sich von der Vorstellung verabschieden, Krankenhausseelsorge sei nach dem Modell der Gemeindeseelsorge zu verstehen und zu beurteilen. Die Alternative dafür ist jedoch nicht eine Angleichung an die Gesundheits- und Sozialberufe, sondern die entschiedene Orientierung am christlichen Heilungsauftrag. Eine solche Neuausrichtung stellt die Krankenhausseelsorge auf ein solides biblisch-theologisches Fundament. Sie macht es möglich, die seelsorgliche Aufgabe ebenso als Beitrag zu einer nur interprofessionell zu leistenden ganzheitlichen Begleitung von kranken, sterbenden und trauernden Menschen zu verstehen wie als Moment des umfassenderen christlichen Engagements für eine gerechte und menschliche Gesundheitsversorgung.

RESÜMEE »Die Kirche kann ihre Verantwortung im Bereich des Heilens nicht anderen Akteuren überlassen,« hieß es bereits im Jahre 1964 in der ersten Tübinger Konsultation, einer internationalen Konferenz zum christlichen Heilungsauftrag in einer postkolonialen Ära.[19] Und 53 Jahre später versichert der Generalsekretär des Ökumenischen Rats der Kirchen, Olav Fykse Tveit, mit Blick auf die Global Ecumenical Health Strategy 2018: »Our calling to health and healing is as strong as ever.«[20] Der christliche Heilungsauftrag kann sich in sehr unterschiedlicher Weise verwirklichen, nicht zuletzt auch in gesundheitsberuflicher[21] und spezialisierter

19 Vgl. World Council of Churches (2010): Witnessing to Christ today. Promoting health and healing for all. Tübingen: DIfÄM, 14 (»The church cannot surrender its responsibility in the field of healing to other agencies.«).

20 https://www.oikoumene.org/en/press-centre/news/201cour-calling-to-health-and-healing-is-as-strong-as-ever201d (Abruf am 18.11.2017).

21 Dass auch eine gesundheitsberufliche Spiritual Care christlich inspiriert sein kann und im Horizont des christlichen Heilungsauftrags unterstützt werden sollte, wird in den aktuellen Diskussionen um Spiritual Care oft vergessen.

Spiritual Care. Sich als spezialisierte Spiritual Care in interprofessionellem Kontext zu verstehen, bedeutet für die Krankenhausseelsorge, den Krankenheilungsauftrag Jesu in einem Gesundheitswesen wahrzunehmen, das nicht allein durch zunehmende Spezialisierung und Ökonomisierung geprägt ist, sondern ebenso durch die »stille Revolution« von 1984 und die Entwicklung unterschiedlicher Formen, die spirituelle Dimension in die Unterstützung von kranken, sterbenden und trauernden Menschen einzubeziehen.

»Spiritual Care« bezeichnet einen Bewusstseinswandel innerhalb eines immer stärker globalisierten Gesundheitssystems, der der klinischen Seelsorge und den sie beauftragenden Kirchen große Chancen bietet und sie vor die Herausforderung stellt, sich an komplexen interprofessionellen Lernprozessen zu beteiligen.

Simone Ehm

DIE GRENZE UNSERES LEBENS

DIE ROLLE VON KLINIKSEELSORGENDEN IN DER ETHIK[1]

EINLEITUNG. Klinikseelsorgende werden mit einer Vielzahl ethischer Probleme konfrontiert. Durch die Fortschritte in der Medizin, zunehmend plurale Werthaltungen, das hohe Gewicht des Patientenwillens und schließlich auch den steigenden Einfluss ökonomischer Faktoren bekommen ethische Fragen im Krankenhausalltag eine größere Bedeutung. Entscheidungen zur künstlichen Ernährung, Begrenzung der Therapie am Lebensanfang, die Ermittlung eines mutmaßlichen Willens, Schwangerschaftsabbruch – Seelsorgende gelten in persönlichen Gesprächen wie in Gremien der Ethikberatung als wichtige Ansprechpartnerinnen und Ansprechpartner für ethische Fragen. An der Gründung, Weiterentwicklung und Durchführung institutionalisierter Ethikberatung sind Theologinnen und Theologen in der Regel maßgeblich beteiligt. Für konfessionelle Kliniken gilt dies in besonderer Weise. Die christlichen Krankenhausverbände haben ihren Kliniken bereits 1997 die Gründung von Ethikkomitees empfohlen. Die Verbände betonten, dass diese Komitees ein geeignetes Forum für schwierige und kontroverse ethische Entscheidungen darstellen und gelten damit als ein wesentlicher Impulsgeber für den Aufbau Klinischer Ethikberatung in Deutschland.[2]

1 Der Beitrag gibt ausgewählte Ergebnisse des Forschungsprojektes »Seelsorge und Ethik« wieder, die veröffentlicht sind in: Thorsten *Moos* / Simone *Ehm* / Fabian *Kliesch* / Julia *Thiesbonenkamp-Maag*, Ethik in der Klinikseelsorge. Empirie, Theologie, Ausbildung, Göttingen 2016. Vgl. insbesondere Kapitel 2.1 und 2.2.

2 Vgl. *Deutscher Evangelischer Krankenhausverband / Katholischer Krankenhausverband Deutschlands, Ethik-Komitee;* Zentrale Ethikkommission der Bundesärztekammer, Stellungnahme, Berlin 1997.

»[Klinische Ethik-Komitees] bieten die Chance, in herrschaftsfreier und systematischer Weise anstehende oder bereits getroffene Entscheidungen in den Bereichen Medizin, Pflege und Ökonomie ethisch zu reflektieren und aufzuarbeiten. Den Mitarbeitenden des Hauses und den Patienten sowie ihren Angehörigen geben sie die Zusage, dass Gewissensnöte oder das Leiden an nicht annehmbar erscheinenden Strukturen und Situationen im gemeinsamen Gespräch gehört und einer Änderung zugeführt werden können.«[3]

In jüngerer Zeit hat die Weiterentwicklung der Ethikarbeit in vielen konfessionellen Kliniken vor dem Hintergrund von Profilierungsprozessen eine neue Dynamik bekommen. In der Diskussion über die Identität konfessioneller Einrichtungen haben Ansätze an Bedeutung gewonnen, die die christliche Profilierung von Unternehmen nicht primär an der kirchlichen Überzeugung der Mitarbeitenden, sondern an der erfahrbaren Praxis der Einrichtungen festmachen.[4] Christliche Profilierung wird solchen Überlegungen folgend als unternehmerische Aufgabe verstanden. Beate Hofmann spricht von einer »Verschiebung von personaler zu organisationaler Identitätsstiftung«.[5] Den diesbezüglichen Anforderungen begegnen Einrichtungen mit unterschiedlichen Strategien in der Personal- und Organisationsentwicklung. Ethikarbeit stellt dabei ein wichtiges Praxisfeld dar, in dem Kliniken – in der Regel unter umfänglicher Beteiligung der Seelsorge – bestrebt sind, ein christlich-ethisches Profil zu verankern.

Der Blick in die Praxis zeigt, dass Seelsorgende in der Ethikberatung nicht nur in konfessionellen Kliniken in unterschiedlichen Rollen auftreten. Unter anderem moderieren sie Besprechungen ethischer Fälle, setzen sich für die Inte-

3 Ebd., 20.

4 Vgl. z. B. *Haas/Starnitzke*, Diversität und Identität; *Hofmann*, Diakonische Identität.

5 Vgl. *Hofmann*, Diakonische Identität, 7.

ressen von Patientinnen und Patienten ein oder agieren als Experten für religiöse Fragen.

Die Vielfalt dieser ethischen Rollen kann zum einen in unterschiedlichen Berufsauffassungen begründet liegen. Zum anderen spiegelt sie die heterogenen institutionellen Rahmenbedingungen wider, unter denen die Theologinnen und Theologen tätig sind. Sich diese zu vergegenwärtigen, ist eine wesentliche Voraussetzung für eine aktive Auseinandersetzung mit neuen Situationen und Rollen, in die Seelsorgende durch die Konfrontation mit Ethik gebracht werden, und damit eine wesentliche Voraussetzung für die Weiterentwicklung der Ethikarbeit selbst.

Was nehmen Seelsorgende als ethisches Problem wahr? Wie gehen sie mit ethischen Problemen um und welche Kompetenzen bringen sie hierbei ein? Diese Fragen lagen einem empirischen Forschungsprojekt zugrunde. Teilergebnisse des Projekts werden im vorliegenden Beitrag vorgestellt. Analysiert wird, welches Ethikverständnis Seelsorgende haben und von welchen Faktoren ihre Rolle in der Ethikarbeit abhängen kann.

1. METHODE

Der Zusammenhang von Seelsorge und Ethik wird in jüngerer Zeit in einer Reihe von wissenschaftlichen Publikationen reflektiert.[6] Es gibt bisher jedoch nur wenige empirische Untersuchungen zur Perspektive von Seelsorgenden auf ethische Fragen im Krankenhaus.[7] Die Studie »Seelsorge

6 Vgl. *Coors*, Gesprächsräume als Urteilsräume; *Haker*, Medizinethik in der Klinikseelsorge; *Körtner*, Moral; *Körtner*, Ethik im Krankenhaus; *Moczynski*, Medical Ethics in Health Care Chaplaincy; *Schneider-Harpprecht*, Ethik.

7 Zu den Ausnahmen gehören: Reiner *Anselm* / Stephan *Schleissing* (Hgg.), Ethik als Kommunikation, Zur Praxis klinischer Ethik-Komitees in theologischer Perspektive, Göttingen 2008; Wilfried *Sturm*, »Was soll man da in Gottes Namen sagen?«. Der seelsorgerliche Um-

und Ethik« untersuchte vor diesem Hintergrund, welches Verständnis von ethischen Konflikten Seelsorgende haben, wie sie in ethische Entscheidungswege im Krankenhaus einbezogen sind und Konflikte beeinflussen, und welche Fähigkeiten und Fertigkeiten sie hierbei einbringen. Ziel der Studie war es, das Verhältnis von Ethik und Seelsorge zu untersuchen und Module für die Seelsorge-Ausbildung zu entwickeln.

Das Forschungsmaterial wurde mit Methoden der qualitativen Sozialforschung unter Einbeziehung der Medizinethnologie erhoben. Befragt bzw. begleitet wurden deutschlandweit 32 Klinikseelsorgerinnen und Klinikseelsorger. Das Material umfasst Transkripte leitfadengestützter Experteninterviews und Aufzeichnungen aus teilnehmenden Beobachtungen. Es wurde mittels qualitativer Inhaltsanalyse nach Mayring sowie unter Zuhilfenahme ethnologischer Analysemethoden ausgewertet. Die Auswahl der Teilnehmenden erfolgte nach dem Prinzip des *Theoretical Sampling* nach Glaser und Strauss. Als Ergebnis liegen detaillierte Beschreibungen von Entscheidungswegen aus der Perspektive der Seelsorge vor.

Bezugspunkt in diesem Beitrag sind die qualitativen Interviews der Studie, die im November 2011 mit acht Personen geführt wurden. Die teilnehmende Beobachtung unterstützt die dargestellten Ergebnisse.

gang mit ethischen Konfliktsituationen im Bereich der Neonatologie und seine Bedeutung für das Verhältnis von Ethik und Seelsorge [Dissertation Leipzig 2012] APTLH 82, Göttingen 2015; Stephanie *Clemm*, Die Rolle von Seelsorgerinnen und Seelsorgern bei Therapieentscheidungen und Ethikberatung am Lebensende [Dissertation], LMU München: Medizinische Fakultät 2015, https://edoc.ub.uni-muenchen.de/18950/1/Clemm_Stephanie.pdf, zugegriffen am 28.12.2017.

2. MIT WELCHEN ETHISCHEN FRAGEN SIND SEELSORGENDE IN DER KLINIK BESCHÄFTIGT?

Im Folgenden wird zunächst beschrieben, welchen ethischen Fragen Seelsorgende in der Klinik begegnen und was das seelsorgliche Verständnis von Ethik charakterisiert.

Aus den Schilderungen der Seelsorgerinnen und Seelsorger geht hervor, dass diese in Kliniken mit einer hohen Bandbreite an ethischen Themen zu tun haben. Ein besonderes Gewicht haben Fragen an den Grenzen des Lebens: Alle Interviewpartnerinnen und -partner berichten ausführlich über Situationen rund um das Thema Therapieverzicht am Ende des Lebens, wobei Entscheidungen zur künstlichen Ernährung eine herausgehobene Rolle spielen. Eine Seelsorgerin schildert eine Konfliktsituation am Beginn des Lebens.

Ulrike von Ebersbach, die Seelsorgerin, bringt auf den Punkt, was ihre Kolleginnen und Kollegen umschreiben:

»Alle Fälle hängen irgendwie mit der Grenze unseres Lebens zusammen, also letztlich mit dem Sterben und dem Tod. Also machen wir die Behandlung oder machen wir die Behandlung nicht, mache ich eine Chemotherapie oder mache ich sie nicht […], also letztlich dann, wenn es um das Ganze geht.«

Andere Themen, die Seelsorgende nennen, sind ethische Fragen in der Psychiatrie, der Umgang mit behinderten Personen, organisationsethische Probleme, Fragen des Miteinanders in der Klinik, der Organtransplantation, des Übergangsmanagements.

In die genannten ethischen Themen sind Seelsorgende im Wesentlichen aus zwei Gründen involviert. Zum einen geht es um die Begleitung von Patientinnen und Patienten bzw. deren Umfeld bei einer Entscheidungsfindung. Zum anderen sind Seelsorgende im Zuge der Begleitung bei einer Entscheidungsbewältigung mit ethischen Fragen konfrontiert. Hierbei geht es oft um Zweifel am Sinn weiterer therapeutischer Maßnahmen oder aber um Schwierigkeiten, die Begrenztheit des Lebens zu akzeptieren.

Vor allem bei einer Entscheidungsfindung, aber auch bei einer Entscheidungsbewältigung, hat das Umfeld der ›Betroffenen‹ in der Begleitung einen hohen Stellenwert. Seelsorgende betrachten Entscheidungssituationen systemisch, d. h. sie verstehen ethische Probleme als eingebettet in das jeweilige Beziehungsgefüge von Patientinnen und Patienten, deren Angehörigen und Zugehörigen, den Berufsgruppen in der Klinik. Dass dies durchaus hohe Herausforderungen bedeutet, drückt Seelsorgerin Kerstin Heine folgendermaßen aus: *»Das ist das, was ich auch als anstrengend erlebe bei meinem Beruf, zu wissen, da leiden Menschen an ein und derselben ethischen Frage, und ich bin die, die von außen dazukommt und für Verschiedene zeitweise eine Begleiterin ist.«*

Aus den Schilderungen der Seelsorgenden geht deutlich hervor, dass für sie auch Fragen, die nicht zu den ›klassischen‹ Behandlungsentscheidungen gehören, von ethischer Relevanz sind. So beschreibt etwa die Hälfte der Seelsorgenden Situationen, in denen Patientinnen, Patienten oder Angehörige in bestimmten Prozessen unzureichend begleitet werden, als ethisches Problem. Kerstin Heine sagt dazu:

»Eine ethische Fragestellung, ich weiß aber nicht, ob das in Ihren Bereich noch zählt, ist die Frage – ganz häufig im Bereich der Geriatrie und der Palliativstation –, wie sollen Menschen im Anschluss an die Behandlung im Krankenhaus weiter untergebracht werden? […] Die Alternative heißt ja dann nicht unbedingt, also »ab nach Hause« oder »ab ins Heim«, sondern die Frage ist, wie begleiten wir die Frau auf dem Prozess?«

Auch Situationen, in denen Interessen von Patientinnen und Patienten in Entscheidungen nicht genügend berücksichtigt werden, klassifizieren Seelsorgende als ethisch relevant. Eine Seelsorgerin beispielsweise schildert ausführlich, dass sie sich zum »Sprachrohr« für einen Patienten macht, der aufgrund von Wartezeiten in ein anderes Hospiz verlegt werden soll, als er sich wünscht (Christine Stein-Böttler).

Eine mangelnde Berücksichtigung der Interessen wie auch eine mangelnde Begleitung von Hilfe- oder Pflegebedürftigen verweisen auf grundlegende organisationskulturelle bzw. -ethische Fragen. Seelsorgerin Carla Drews bringt explizit zum Ausdruck, dass für sie auch kulturelle Fragen zu den ethischen Themen im Krankenhaus gehören:

»Was ich wichtig finde, ist, dass […] dieser Teil ›medizinethischer Fragestellungen‹ der eine Teil ist, aber es eben noch einen großen Raum von ethischen Fragestellungen in Richtung diakonische Kulturfragestellungen und so weiter gibt, wo ich die Abgrenzung schwierig finde.«

Als Beispiel für Fragen diakonischer Kultur nennt Carla Drews die Frage, wie in der Klinik mit dem Tod einer Mitarbeiterin umgegangen wird. Zwei andere Seelsorgerinnen verbinden mit Kulturfragen das konkrete Miteinander zwischen Ärzten und Pflegekräften wie zum Beispiel eine unzureichende Einbeziehung von Pflegekräften in Behandlungsentscheidungen in Situationen, die zumindest von Seiten der Pflegenden als konflikthaft empfunden werden.

Die von den Seelsorgenden beschriebenen ethischen Situationen weisen darauf hin, dass deren Verständnis von Konflikten einen durchaus eigenen Charakter hat. Dieser zeigt sich darin, dass für Theologinnen und Theologen die relationale Dimension von Konflikten eine herausgehobene Bedeutung hat. Der Situation von Angehörigen, auch Freundinnen und Freunden oder Mitarbeitenden aus dem Betreuungsteam, wird von den Seelsorgenden große Beachtung geschenkt. Deutlich wird ein eigener Blick auf Ethik zudem dadurch, dass auch Kulturfragen als ethische Konflikte gelten. So qualifizieren Seelsorgende beispielsweise eine unzureichende Begleitung von Patientinnen und Patienten als ethisches Problem. Als ethisch relevant werden aber beispielsweise auch bestimmte Themen der Lebensführung gewertet. Ein weiteres Charakteristikum liegt darin, dass Seelsorgende nicht nur in einer konkreten Entscheidungssituation sensibel für ethische Fragen verschiedener Themenbereiche sind, sondern den zeitlichen Rahmen in beide Richtungen erweitern. Wie oben dargestellt, betrachten sie einen Konflikt nicht als beendet, wenn es zu einer Entscheidung gekommen ist. Auf der anderen Seite machen ihre Schilderungen deutlich, dass ethische Situationen für sie nicht erst mit einer zu fällenden Entscheidung beginnen. Sie können einen langen Vorlauf haben, den die Theologinnen und Theologen begleiten.

Schlussfolgern lässt sich, dass das seelsorgliche Verständnis von ethischen Konflikten weit ist und deutlich über ›klassische‹ klinisch-ethische Entscheidungen hinausgeht. Diese sind in der Regel durch folgende Merkmale bestimmt: Es geht um Behandlungsentscheidungen, es wird zu einem bestimmten Zeitpunkt eine explizite Abwägung getroffen, das Team und ggf. der Patient bzw. die Patientin und / oder Angehörige sind beteiligt, das Setting ist institutionalisiert. Seelsorgende zeigen demgegenüber ein erweitertes Verständnis von Konflikten. Über ›klassische‹ ethische Situationen hinaus gibt es im Klinikalltag zahlreiche andere Situationen, die von ihnen als ethisch relevant eingestuft werden. Ein Beispiel hierfür ist der Bereich der Kulturfragen. Themen der Organisationskultur werden in der Regel implizit über einen längeren Zeitraum hinweg unter Mitarbeitenden oft in Tür und Angel-Gesprächen verhandelt. Seelsorgende sind an den beiden genannten und an verschiedenen anderen ethischen Situationen beteiligt. Zudem sind sie der Studie zufolge entscheidend verantwortlich für die Übergänge zwischen einzelnen Situationen. Ein Beispiel ist die Öffnung einer Entscheidungssituation für einen größeren Kreis von Angehörigen oder Zugehörigen.

3. WELCHE FAKTOREN BEEINFLUSSEN DIE ROLLE VON SEELSORGENDEN IM UMGANG MIT ETHISCHEN FRAGEN?

Anhand von drei Beispielen wird im Folgenden verdeutlicht, von welchen Rahmenbedingungen in der Klinik ethische Rollen von Seelsorgenden abhängen können. Es soll exemplarisch vergegenwärtigt werden, wie sich die Art und

Weise ihrer klinischen Einbindung auf ihren Umgang mit ethischen Fragen auswirkt und wie wechselnde Anknüpfungspunkte und Bezugspersonen ihre Herangehensweise an ethische Themen beeinflussen. Der Begriff *Einbindung* wird dabei weit verstanden – er reicht von der persönlichen oder berufsgruppenspezifischen Nähe der Theologinnen und Theologen zu bestimmten Professionen oder Personen in der Klinik bis zur prinzipiellen Verortung von Seelsorge im jeweiligen System *Krankenhaus*.[8]

Um die Rolle von Seelsorgenden in interdisziplinären Besprechungen geht es im ersten Beispiel. Seelsorgerin Susanne Christlieb berichtet: *»Ich bin jeden Tag zu den Frühbesprechungen hier auf der Station, sowohl für den Palliativbereich, als auch für den Schlaganfallbereich, und ich bin in beiden Teamsitzungen, die einmal in der Woche sind. Und das heißt, […] ganz früh höre ich, was gerade mit dem Patient oder der Patientin passiert, welche medizinischen oder therapeutischen Anfragen gestellt werden. Und ich kann meine Sicht der Dinge und meine Anfragen sofort formulieren. Wodurch es dann sehr früh dazu kommen kann, dass wir darüber nachdenken, ein ethisches Fallgespräch anzuberaumen, weil wir uns unsicher sind bzw. weil keine klare Aussage durch die Patientin oder den Patienten zu erhalten ist, und wir dann nach dem mutmaßlichen Patientenwillen schauen müssen.«*

Wie ist Susanne Christlieb in die Klinik eingebunden? Die Theologin betont, dass sie selbstverständlicher Teil des Behandlungsteams auf der Palliativ- und Schlaganfallstation ist. Sie ist ihren Schilderungen zufolge mit ihrem professionellen Auftrag – Seelsorge und Ethik – gleichberechtigt in die Teambesprechungen eingebunden. Dazu tragen unter anderem ihre Mitgliedschaft im Ethikkomitee auf Konzern-

8 Grundsätzliche Überlegungen zur institutionellen Verortung von Seelsorge im Krankenhaus werden in diesem Beitrag angesichts der gebotenen Kürze nicht dargestellt. Vgl. hierzu *Moos / Ehm / Kliesch / Thiesbonenkamp-Maag*, Ethik in der Klinikseelsorge, 59ff.; *Haart*, Wirtschaftsunternehmen; *Klessmann*, Krankenhausseelsorge.

ebene, ihre palliativmedizinische Fachkompetenz und ihre guten Beziehungen zur Ärzteschaft bei.

Die Rolle der Seelsorgerin im Team schlägt sich in der Art ihres Herangehens an ethische Probleme deutlich nieder: Susanne Christlieb nimmt eine auffallend aktive Rolle in ethischen Konflikten ein. Sie definiert das Problem, sie benennt es im Team und sie initiiert die Auseinandersetzung mit dem Konflikt.

Auch Seelsorgerin Kerstin Heine ist regelmäßig an interdisziplinären Settings beteiligt. Ihre Einbindung in die Klinik ist jedoch anders:

»Ich hab in der geriatrischen Abteilung regelmäßig an Dienstbesprechungen teilgenommen und mach das ja die ganze Zeit hindurch auf der Palliativstation und da ist so der Punkt, wo das [ethische Problem] am häufigsten angesprochen wird. Also, am häufigsten im Kontext von solchen interdisziplinären Besprechungen. [...] Auf der Geriatrie waren das auch die Ärzte, die das formuliert haben, da gibt es eine Problemstellung, da würden wir auch gerne ihre Sicht dazu hören als Seelsorgerin oder als Theologin. Auf den andern Stationen ist das anders, also vor allen Dingen auf der Palliativstation wird die Konfliktstellung am ehesten von den Pflegenden wahrgenommen.«

Im Unterschied zu Susanne Christlieb ist Kerstin Heine kein festes Mitglied des Behandlungsteams. Ethikarbeit ist ihr zufolge an ihrem Arbeitsplatz wenig institutionalisiert. Die Bedeutung von Seelsorge scheint in ihrer Klinik insgesamt eher marginal zu sein.

Kerstin Heine spricht im Interview von Veränderungs- und Zertifizierungsprozessen und äußert in diesem Zusammenhang: *»Da ist die Krankenhausseelsorge dann doch eher so ein nachgeordneter Posten.«*

Institutionell ist Kerstin Heine zwischen den Systemen Kirche und Krankenhaus positioniert, wobei die Klinikbedingungen eine Krankenhausanbindung offensichtlich erschweren. Ihre Rolle im Umgang mit Konflikten ist vor diesem Hintergrund vielschichtig und weniger festgelegt. Das

Eingangszitat verweist auf eine zurückgenommene Rolle: Die Seelsorgerin wird um eine christliche Perspektive in einem ethischen Konflikt gebeten, der von der Profession der Mediziner definiert ist. An anderer Stelle jedoch definiert und benennt sie Konflikte selbst oder übernimmt die Rolle einer Moderatorin. Ihre Position zwischen den Systemen *Kirche* und *Krankenhaus* führt offensichtlich dazu, dass ihre Rolle in Konfliktsituationen, abhängig von der jeweiligen Grundkonstellation, wechselt.

In einem zweiten Beispiel geht es um die Rolle von Seelsorgenden in *Klinischen Ethikkomitees.*

In einer Klinik soll ein Ethikkomitee aufgebaut werden. Die Wunschrolle der Seelsorgerin Annette Ingelmann in diesem Gremium ist die einer Moderatorin: *»Ich verstehe meine Rolle in dem Sinne, dass ich moderiere, die Position des Patienten oder der Patientin vermittle, wenn ich um die weiß, aber ich habe nicht das Gefühl, dass ich auch noch meins mit in die Waagschale werfen muss, sondern dass es eher darum gehen müsste, dass jemand das moderiert und dafür sorgt, dass solche ethischen Konflikte [Pause] einen Rahmen haben.«*

Die Theologin erwartet sich von der Institutionalisierung von Ethik insbesondere eine Stärkung der Rolle der Pflegenden: *»Das erhoffe ich mir vom Aufbau eines Ethikkomitees, dass damit dieser Austausch zwischen Schwestern und Ärztinnen und Ärzten noch mal eine andere institutionalisierte Form bekommt [...], und den Schwestern mehr Kompetenz an der Stelle zugetraut wird.«*

Wie ist Annette Ingelmann im Krankenhaus verortet? Sie beschreibt ihre Position als prädestiniert für die Übernahme der Moderationsrolle, für die ihrer Wahrnehmung nach niemand sonst in der Klinik geeignet ist:

»Weil ich als Seelsorgerin natürlich [...] auch ein Stückchen außenstehende Extraposition im Haus habe. [...] Ich sehe meine Rolle auch darum eher in der Moderation, weil ich nicht wüsste, wer es sonst übernehmen sollte.«

Auf die Frage, ob durch die Übernahme der Moderationsrolle möglicherweise wichtige seelsorgliche Perspektiven verlorengehen, antwortet sie: *»Einzelne werden die schon einbringen. [Pause] Ja, vielleicht. Da hab ich so noch nicht drüber nachgedacht […], also mein Gefühl ist eher, dass solche Konflikte eine gute Moderation brauchen.«*

Von Seiten der Klinik besteht die Erwartung, dass die Seelsorgerin eine tragende Rolle im künftigen Ethikkomitee spielt. Der Implementierungsprozess wird auf Leitungsebene offensichtlich nicht weiter begleitet.

Festhalten lässt sich, dass die Rolle von Annette Ingelmann wesentlich durch die Aufgabe bestimmt ist, die Kommunikation zwischen den Berufsgruppen zu fördern. Mögliche andere Rollen sind wenig reflektiert.

Auch Carla Drews hat sich entschieden, in ihrer Klinik im neu eingerichteten Ethikkomitee die Rolle der Moderatorin zu übernehmen. Ihre Entscheidung steht jedoch in Spannung zu ihren theoretischen Überlegungen:

»Von der Theorie her würde ich Ihnen jetzt immer sagen, ich finde das viel besser, wenn Seelsorge ihren Bereich vertritt und nicht im Prozess da verloren geht.«

Eine solche Positionierung als Theologin sei für sie jedoch in der konkreten Kliniksituation kaum umsetzbar:

»In der Praxis dieses Hauses, der Kleinheit der Anfangssituation vom Ethikkomitee, der Frage, kriegen wir das überhaupt hin, finde ich es im Moment wichtig, dass ich das mache.«

Carla Drews hat sich im Unterschied zu Annette Ingelmann aktiv mit verschiedenen Rollen auseinandergesetzt, die sie im Ethikkomitee einnehmen könnte. Dieser Reflexionsprozess wurde ihren Berichten zufolge entscheidend durch Aktivitäten auf Konzernebene befördert. Eine von der Konzernleitung eingesetzte interdisziplinäre Arbeitsgruppe hat die Ethikarbeit in der Klinik aufgebaut. Die Diskussionen in dieser Gruppe wie auch eigene Ethikfortbildungen haben die Überlegungen der Seelsorgerin zu ihrer Rolle im Komitee stark beeinflusst.

In einem dritten Beispiel sollen *wechselnde Rollen* von Seelsorgenden *innerhalb ein und desselben Konfliktes* verdeutlicht werden. Einen solchen Rollenwechsel beschreiben Kerstin Heine und Susanne Christlieb, von denen oben bereits die Rede war. Kerstin Heine ändert nach einer Besprechung auf der Palliativstation ihre Rolle von der einer Moderatorin zu der einer Seelsorgerin:

»Also das hab ich auch schon erlebt, dass dann hinterher nochmal jemand auf mich zukommt und sagt: ›Das ist mir ganz schön schwer gefallen. Der hat ja jetzt entschieden.‹ Und also, wo ich da nochmal ein Gespräch geführt habe und, ja, das auch als meine seelsorgerliche Aufgabe verstehe.«

Ein Konflikt ist für die Seelsorgerin mit dem Treffen einer Entscheidung nicht beendet. Rollenwechsel der beschriebenen Gestalt sind für sie mit ihrer Position zwischen den Systemen *Kirche* und *Krankenhaus* keine Seltenheit.

Festhalten lässt sich, dass Kerstin Heine in einem ethischen Konflikt in abgegrenzten Phasen nacheinander in verschiedenen Rollen agiert.

Auch Susanne Christlieb wechselt ihre Rollen innerhalb eines Konfliktes. Deutlich wird dies am Beispiel einer Schlaganfallpatientin. Die ältere Frau wird künstlich über die Venen ernährt und ist nicht ansprechbar. Nach einer Woche Therapie hat sich der Zustand nicht verändert, und es stellt sich die Frage, ob eine PEG-Magensonde gelegt werden soll.

In dieser Situation tritt die Seelsorgerin gegenüber unterschiedlichen Beteiligten gleichzeitig in verschiedenen Rollen auf.

»Ich habe einerseits natürlich sehr hochfrequentiert die Angehörige besucht, im Zimmer, habe immer wieder versucht, ihren Blick auf die Mutter in ihrer Situation zu lenken […]. Das war die Aufgabe mit der Tochter. Die Aufgabe im Team war […], zu hören und auch zu verstehen, was versucht wird an Therapie, und wo Erfolge und eben nicht Erfolge sind. Und das Dritte war, ins Gespräch zu gehen mit dem Arzt, über dieses

Zeitfenster. Und mit ihm ringen, ob er nicht […] den Blick langsam darauf wenden muss, dass diese Situation nicht medizinisch zu beheben sein kann.«

Susanne Christlieb übernimmt in diesem Fallbeispiel die Verantwortung für den Gesamtprozess des Konflikts. Sie übt gleichzeitig verschiedene Rollen aus – die der Seelsorgerin, der Ethikerin und der Moderatorin. Diese Rollen stoßen aufeinander.[9]

FAZIT Die Äußerungen der Seelsorgenden veranschaulichen, dass ethische Fragen das Berufsfeld der Seelsorge verändert haben und für Theologinnen und Theologen neue Anknüpfungspunkte in der Klinik schaffen. Hieraus resultieren neue Rollen und Situationen, denen Seelsorgende mit besonderen Kompetenzen begegnen. Gleichzeitig stellen sich für sie neue Herausforderungen.

Eine besondere Kompetenz der Seelsorge liegt in der weiten Definition von Ethik. Seelsorgende sind in ethische Situationen verschiedener Typen eingebunden und gestalten entscheidend die Übergänge zwischen ihnen. Wie die zitierten Interviewten bringen auch andere Theologinnen und Theologen über den Begriff Ethik zum Ausdruck, dass sie bestimmten Abläufen in der Institution *Krankenhaus* kritisch gegenüberstehen. Im Anschluss an Michael Klessmann lässt sich von einer prophetischen Dimension der Seelsorge im Krankenhaus sprechen. Klessmann versteht den prophetischen Aspekt als »widerständige Haltung«, die sich mit den gegebenen Zuständen nicht abfinde.[10] Für die Seelsorge im Krankenhaus bedeute dies, dass sie den Blick weiten müsse vom Einzelnen zur

9 Inwiefern bestimmte Rollen von Seelsorgenden unter Umständen zu Spannungen führen, kann an dieser Stelle nicht näher untersucht werden. Vgl. hierzu *Moos / Ehm / Kliesch / Thiesbonenkamp-Maag*, Ethik in der Klinikseelsorge, Kapitel 3.3. und 3.1.

10 *Klessmann*, Prophetische Dimension, 241.

Institution, zu Politik und Gesellschaft als den Gestaltern des Gesundheitssystems.[11]

Eine zentrale Herausforderung für die Seelsorge ist es, in der Ethikarbeit verschiedene Konfliktrollen zusammenzubringen oder voneinander abzugrenzen. Was sind die Gründe dafür, in einer ethischen Situation beispielsweise als Anwältin einer Patientin aufzutreten oder aber eine moderierende Position einzunehmen? Ggf. müssen Seelsorgende situativ entscheiden, mit welcher Haltung sie einer ethischen Situation begegnen. In Gremien der Ethikberatung ist ihre Rolle zumindest über einen bestimmten Zeitraum hinweg ziemlich festgelegt. Dies lässt die Reflexion des eigenen Herangehens an ethische Fragen umso notwendiger erscheinen.

Einen großen Einfluss auf den Umgang mit ethischen Situationen haben, wie an Beispielen illustriert wurde, die jeweilige Einbindung von Theologinnen und Theologen in den klinischen Kontext, wozu neben der strukturellen Positionierung der Seelsorge organisatorische Gegebenheiten und konkrete Bezugspersonen oder -systeme, wie beispielsweise bestimmte Ärztinnen, Ärzte oder die Berufsgruppe der Pflege, gehören.

Die Vergegenwärtigung der jeweiligen Einbindung in das Kliniksystem gehört zu den zentralen Voraussetzungen für eine bewusste Entscheidung, mit welcher Haltung Seelsorgende einem ethischen Problem begegnen. Je weniger Seelsorgende ihre professionellen Haltungen im Umgang mit ethischen Fragen reflektieren und profilieren, desto höher ist die Wahrscheinlichkeit, dass sie die Logik der Institution *Krankenhaus* ggf. auch unhinterfragt übernehmen und so zum Lückenbüßer für eine ethische Rolle werden, die sonst niemand übernähme. Die Weiterentwicklung der Ethikarbeit in konfessionellen Kliniken bietet die Chance, eine aktive Auseinandersetzung mit dem seelsorglichen Verständnis von Ethik und möglichen ethischen Rollen zu fördern. Kon-

11 Vgl. a. a. O., 241ff.

tinuierliche Reflexionsorte in den Kliniken, spezielle Fort- und Weiterbildungen in Medizinethik und Module für die Seelsorgeausbildung, wie sie in der Studie »Seelsorge und Ethik« erarbeitet wurden, können einen konkreten Beitrag für eine solche Auseinandersetzung leisten.

LITERATUR

Anselm, Reiner / *Schleissing,* Stephan (Hgg.), Ethik als Kommunikation, Zur Praxis klinischer Ethik-Komitees in theologischer Perspektive, Göttingen 2008.

Bundesärztekammer, Zentrale Ethikkommission, Stellungnahme Ethikberatung in der klinischen Medizin, Deutsches Ärzteblatt 103, 2006, A^{1703}–A^{1707}, http://www.zentrale-ethikkommission.de/downloads/Ethikberatung.pdf, zugegriffen am 28.12.2017.

Clemm, Stephanie, Die Rolle von Seelsorgerinnen und Seelsorgern bei Therapieentscheidungen und Ethikberatung am Lebensende, LMU München: Medizinische Fakultät 2055, https://edoc.ub.uni-muenchen.de/18950/1/Clemm_Stephanie.pdf, zugegriffen am 28.12.2017.

Coors, Michael, Gesprächsräume als Urteilsräume, Der Beitrag der Seelsorge zur ethischen Urteilspraxis im Krankenhaus, in: Wege zum Menschen 67 (2015), 451–463.

Deutscher Evangelischer Krankenhausverband / Katholischer Krankenhausverband Deutschlands (Hgg.), Ethik-Komitee im Krankenhaus, Berlin 1997.

Haart, Dorothee, Seelsorge im Wirtschaftsunternehmen Krankenhaus, Studien zur Theologie und Praxis der Seelsorge 68, Würzburg 2007.

Haas, Hanns-Stephan / *Starnitzke,* Dierk, Diversität und Identität, Konfessionsbindung und Überzeugungspluralismus in caritativen und diakonischen Unternehmen, Stuttgart 2015.

Haker, Hille et al. (Hgg.), Perspektiven der Medizinethik in der Klinikseelsorge, Bd. 2: Medical Ethics in Health Care Chaplaincy, Medizinethik in der Klinikseelsorge, Berlin 2009.

Hofmann, Beate, Diakonische Identität in Diversität?! Aktuelle Herausforderungen an kultursensibles Diakoniemanagement, Antrittsvorlesung von Prof. Dr. Beate Hofmann am 4.7.2014 im Assapheum in Bethel/Bielefeld, http://www.diakoniewissenschaft-idm.de/files/antrittsvorlesunghofmann.pdf, zugegriffen am 28.12.2017.

Klessmann, Michael, Die prophetische Dimension der Seelsorge im Krankenhaus, in: *ders.* (Hg.), Handbuch der Krankenhausseelsorge, Göttingen 2008, 241–253.

–, Michael, Handbuch der Krankenhausseelsorge, Göttingen 2008.

Körtner, Ulrich H.J., Ethik im Krankenhaus, Diakonie – Seelsorge – Medizin, Göttingen 2007.

–, Ulrich H.J., Ist die Moral das Ende der Seelsorge oder ist die Seelsorge am Ende Moral? in: Wege zum Menschen 58 (2006), 225–245.

Moczynski, Walter / *Haker*, Hille / *Bentele*, Katrin (Hgg.), Medical Ethics in Health Care Chaplaincy. Berlin, Münster, Wien 2009.

Moos, Thorsten / *Ehm*, Simone / *Kliesch*, Fabian / *Thiesbonenkamp-Maag*, Julia, Ethik in der Klinikseelsorge, Empirie, Theologie, Ausbildung, Göttingen 2016.

Schneider-Harpprecht, Christoph, Was kann die Ethik von der Seelsorge lernen?, in: Wege zum Menschen 58 (2006), 270–282.

Sturm, Wilfried, »Was soll man da in Gottes Namen sagen?« Der seelsorgerliche Umgang mit ethischen Konfliktsituationen im Bereich der Neonatologie und seine Bedeutung für das Verhältnis von Ethik und Seelsorge, Dissertation Leipzig 2012, APTLH 82, Göttingen 2015.

Rainer Kinast

STRUKTURELLE EINBINDUNG DER SEELSORGE IN DIE ORGANISATION KRANKENHAUS

WEGE DER VINZENZ GRUPPE

Die Vinzenz Gruppe ist ein Verbund von Ordenskrankenhäusern und anderen Gesundheitseinrichtungen mit ca. 6.500 Beschäftigten. Mehrere Orden haben ihre Krankenhäuser in diesen Verbund eingebracht. Vor elf Jahren wurde auf oberster Ebene der Beschluss gefasst, die Krankenhaus-Seelsorge neu aufzustellen, weil eine professionell arbeitende und gut integrierte Seelsorge eine der sieben konstitutiven Eckpfeiler des christlichen Profils unserer Krankenhäuser[1] sein soll. Dazu wurde mit den Seelsorgenden unserer Häuser und mit den zuständigen Diözesen ein internes Konzept der Seelsorge entwickelt, das die intendierte Professionalität der Krankenhaus-Seelsorge und auch die strukturelle Integration in die Krankenhausorganisation beschreibt.

Im nächsten Schritt wurden Seelsorger/innen gesucht, die den Ansprüchen des Konzeptes entsprechen. In den folgenden Jahren wurde das Konzept umgesetzt, manches konzeptionell präzisiert und die Qualität der Seelsorgearbeit verbessert. Dieser Weg war zeitweise ein konfliktreicher, weil es darum ging, die Interessen der Krankenhausleitungen, die Hoheitsansprüche der Diözesen und die Freiheitstendenzen der Seelsorgenden in eine verbindliche Struktur zu gießen. Inzwischen wurde für die Seelsorge erfahrbar, dass um den Preis, sich auf manche Verbindlichkeiten und scheinbare Freiheitsbeschränkungen einzulassen, mehr Gestaltungsfreiräume und strukturelle Einflussmöglichkeiten hinsichtlich

1 Die »7 Eckpfeiler des christlichen Profils der Krankenhäuser« beschreiben pragmatisch sieben angestrebte Auszeichnungsmerkmale unserer Krankenhäuser. Vgl. http://www.vinzenzgruppe.at/wir-ueber-uns/unsere-werte/eckpfeiler-unseres-christlichen-profils/ [30.8.2017].

des Krankenhausalltags gewonnen wurden. Bei all diesen Prozessen war uns wichtig, dass die Diözesen mit ihrer kirchlichen Hoheit gut eingebunden waren.

Bedenken Sie beim Lesen, dass auch in der Vinzenz Gruppe nicht alles ideal läuft. Die Grenzen der Menschlichkeit sind auch bei uns spürbar. Der liebevolle – wenn auch entschlossene – Umgang mit Grenzen, Unvermögen und Fehlentwicklung gehört ja auch zu einer christlichen Organisation. Dabei bleibt die Grundhaltung: Wir sind stets auf der Suche nach dem besten Weg. Dass uns manches gelungen ist, macht uns demütig und dankbar: Es macht uns mutig, uns weiterhin auf Gott einzulassen und – wenn notwendig – unbetretene Wege zu gehen.

1. ZUM SELBSTVERSTÄNDNIS DER SEELSORGE IM KONTEXT DES ORDENSKRANKENHAUSES

1.1 Entflechtung der Aufgaben

Vielleicht kennen Sie ähnliche Situationen:

Frau R. ist Seelsorgerin in einem Ordenskrankenhaus mit ca. 200 Betten. Sie ist eine begabte und engagierte Seelsorgerin. Wenn ein Problem oder ein Thema diskutiert wird, packt sie es sofort lösungsorientiert an, führt Gespräche, entwickelt Ideen und plant Projekte. Die belasteten Mitarbeiter/innen des Hauses reden gerne mit ihr. Wenn medizin-ethische Fragen entstehen, organisiert sie Besprechungen. Wenn kritisiert wird, dass in manchen Belangen das Ordenskrankenhaus dem Anspruch der Christlichkeit nicht entspricht, sorgt sie für Impulse, damit die christliche Kultur im Haus erfahrbarer wird. Und doch sind viele mit ihr unzufrieden: Die Patienten, die eine Seelsorge brauchen würden, kommen an sie oft gar nicht heran. Den Mitarbeiter/innen sind ihre Angebote und ihre Präsenz zu gering. Viele ihrer Projekte für das Haus bleiben auf der Strecke. Der hohe Anspruch, für Patienten, für Mitarbeitende und für die christliche Identität des Hauses als Seelsorgerin verantwort-

lich zu sein, führte zu einer Überbelastung und zu einem Sich-Verzetteln in zu vielen Aufgaben. In diesem Fall konnte eine Entflechtung der Aufgaben Abhilfe schaffen.

Für diese drei Aufgabenfelder – Christliche Werte- und Kulturarbeit, Patientenseelsorge und Mitarbeiterseelsorge – wurden in der Vinzenz Gruppe unterschiedliche Zuständigkeiten geschaffen. Der Vorteil dieser Entflechtung ist nicht nur die Entlastung der Seelsorger/innen, sondern dass zusätzliche Ressourcen und theologische Kompetenzen in der Krankenhaus-Gruppe aufgebaut wurden.

- *Wertemanagement*
  Werte kann man nicht managen. Aber es ist Aufgabe des Managements, dafür zu sorgen, dass es Rahmenbedingungen für eine Kultur der christlichen Werte gibt, dass Strukturen geschaffen und Prozesse initiiert werden, die das christliche Profil für Patienten, Angehörige und Mitarbeitende erfahrbar werden lassen. »Die Christlichkeit eines kirchlichen Krankenhauses ist nicht nur durch die Existenz der Seelsorge oder gläubige Mitarbeiter zu sichern, sondern auch … durch das Leiten, Lenken und Gestalten eines Unternehmens auf normativer, strategischer und operativer Ebene.« (Fischer 2009, S. 355). In der Vinzenz Gruppe wurden dazu in den »7 Eckpfeilern des christlichen Profils« die angestrebten Auszeichnungsmerkmale eines christlichen Krankenhauses definiert und Strukturen für die Umsetzung und Weiterentwicklung geschaffen (ein Theologe für die Zentrale Stabsstelle Wertemanagement,[2] Vorstand Wertemanagement als vollwertiges Mitglieder jeder Krankenhausleitung, Wertegruppen in den Krankenhäusern, Wertebeirat auf der Ebene der Vinzenz Gruppe). Somit liegt die Hauptver-

2 Dies ist auch meine Funktion: Diese Stabsstelle wird mit einem Theologen besetzt und ist direkt dem Geschäftsführer der Vinzenz Gruppe unterstellt, mit dem in jedem Monat ein zweistündiges Gespräch geführt wird.

antwortung für die christliche Identität beim Management, nicht bei der Seelsorge. Sie arbeitet aber entscheidend mit. Dieses sogenannte Wertemanagement wird in diesem Artikel nicht näher beschrieben.[3]

- *Patienten-Seelsorge*
  Primäre Zielgruppe der klinischen Seelsorge sind die Patienten, nicht die Mitarbeitenden. Dies steht im Widerspruch zum Selbstverständnis von manchen Ausbildungsinstituten, aber für die Vinzenz Gruppe ist diese Positionierung sinnvoll. Damit stehen sie mit Ärzten, Pflegepersonen und Therapeuten auf einer Ebene. Mit ihnen blicken sie sozusagen Schulter an Schulter auf die Patientinnen und Patienten und überlegen gemeinsam, was sie für deren Wohl am besten tun können. Damit sind unsere Mitarbeiter/innen der Seelsorge – egal, ob sie in der Diözese oder im Krankenhaus angestellt sind – Teil des therapeutischen Teams. Sie müssen wie alle anderen Gesundheitsberufe des Hauses die Verschwiegenheitspflicht unterschreiben, haben Einblick in die Dokumentation und dokumentieren auch selbst bei Bedarf. Ergänzend zu den anderen Professionen des therapeutischen Teams haben wir die Grundaufgaben in Anlehnung an das »Selbstverständnis der Seelsorge« der Diözese Linz definiert: Patienten begleiten, Patienten segnen und über die Patienten kommunizieren (bei Beachtung der seelsorglichen Verschwiegenheit).

- *Mitarbeiter-Seelsorge*
  Jedes Krankenhaus hat eine zusätzliche Ressource (ca. halbe Stelle) für die Mitarbeiter-Seelsorge geschaffen. Die Hauptaufgaben sind: Mitarbeitende bei Bedarf zu begleiten, interessierte Mitarbeiter/innen mit diversen Angebo-

3 Nähere Beschreibung des Wertemanagements in der Vinzenz Gruppe: siehe R. *Kinast*, 2014a und 2014b.

ten in ihrem christlichen Glauben zu fördern, die Tradition der Ordensspiritualität lebendig zu halten und dafür unterschiedliche Zugänge zu schaffen.

Bei der Einführung der Mitarbeiter-Seelsorge wurde vom Management die Befürchtung geäußert, dass wir damit eine zweite Personalvertretung schaffen. Deshalb wurde im Konzept festgehalten, dass die Mitarbeiter-Seelsorge selbst nicht organisationswirksam tätig werden darf. Es geht z. B. vielmehr darum, die Betroffenen zu stärken, so dass sie selbst Lösungswege für ihre Probleme finden und gehen bzw. sie selbstverantwortlich ihr Problem in die Hand nehmen können. Sie nehmen aber indirekt dadurch auf die Organisation Einfluss, dass sie in der Wertegruppe (Teil des Wertemanagements des jeweiligen Hauses) fix mitarbeiten.

1.2 Kriterien für eine heilsame Spiritualität

Bei der Auswahl der Seelsorgerinnen und Seelsorger achten wir – neben den formalen Kriterien und Voraussetzungen, die auch mit den Diözesen vereinbart sind – auf die Spiritualität der Bewerber/innen. Der Ausnahmezustand, in dem sich Patientinnen und Patienten in Krankenhaus meist befinden, macht sie in besonderer Weise sensibel für die Art und Weise, wie mit ihnen umgegangen wird. Grundsätzlich sollen Seelsorger/innen so in Gott und in ihrem Glauben verankert sein, dass durch sie die heilende Liebe Gottes spürbar wird. Woran erkennt man aber, dass eine Seelsorgeperson von der eigenen heilsamen Gottesbeziehung beseelt ist? (»Heil« ist hier im biblischen und nicht im somatischen Sinn von »Heilung« gemeint.) Die nachfolgenden Kriterien helfen uns informell bei der Auswahl; sie wurden als Bestandteil unseres Seelsorgekonzepts neu aufgenommen. Möglichkeiten der Abfrage dieser Kriterien werden vom Netzwerk aktuell erarbeitet.

- *Halt und Grundvertrauen*: Kann die Seelsorgerin bzw. der Seelsorger dem Patienten Halt geben oder verstärkt oder produziert er bei den Patienten sogar Angst und Unsicherheit?

- *Berührbarkeit und Beziehungsfähigkeit*: Kann die Seelsorgerin bzw. der Seelsorger auf die subjektive Befindlichkeiten der Patienten eingehen, ihre Emotionen zulassen und aushalten und kann sie das Vertrauen aufbauen, sodass die Patienten an neuen Sichtweisen Interesse bekommen? Ist sie/er selbst auch berührbar, und hat sie/er die Fähigkeit, mit den eigenen Emotionen in einer guten Weise umzugehen?

- *Wertschätzung und Beachtung*: Wir alle sind einzigartig. Das heißt auch: Ich bin anders als die anderen, und das ist gut so. Kann die Seelsorgerin bzw. der Seelsorger auf die Einzigartigkeit eingehen, das Liebenswerte wahrnehmen und auch eine ehrlich gemeinte Beachtung und Wertschätzung entgegenbringen: »Es ist grundsätzlich gut so, wie Sie sind!«?

- *Auf der Suche nach Sinn und Perspektive*: Wir Menschen suchen Sinn und hoffnungsvolle Perspektiven. Dazu benötigt der Mensch grundsätzlich ein solides Fundament: einen Halt, Erfahrungen, wie das Leben uns positiv berührt, und einen Selbstwert, der durch Wertschätzung anderer entstanden ist. So wird das gesunde Gespür dafür, was gut ist, entwickelt. Die wenigsten Menschen lassen sich sinnvolle Perspektiven vorgeben und überstülpen, sondern ihr innerstes Gespür will entscheiden und zustimmen.

  Kann nun die Seelsorgerin bzw. der Seelsorger gemeinsam mit der betroffenen Person sich auf die Suche begeben, um mit ihr Hoffnungsanker und Perspektiven zu finden, oder stellt sie bzw. er dogmatisch seine religiösen Weisheiten in den Raum?[4] Weitet man die Perspektiven der Patienten dadurch, dass man die persönlichen Überzeugungen als Angebote der Lebensdeutung behutsam dazu stellt und die mangelnde Zustimmung der Patienten gelten lässt?

Diese Kriterien eines heilsamen Glaubens[5] sind abgeleitet (und hier nicht näher ausgeführt) aus den Grunderfahrungen des Glaubens und aus der Tradition der Unterscheidung der Geister (Ignatius von Loyola). Besonders spannend finde ich, dass diese Kriterien sich inhaltlich mit psychotherapeutischen Erkenntnissen (existenzielle Grundmotivationen)[6] decken.

1.3 Dreifacher Auftrag der Patientenseelsorge

Im Seelsorgekonzept der Vinzenz Gruppe haben wir einen dreifachen Auftrag definiert, der sich an unseren Patienten orientiert: an deren unterschiedlichen Weltanschauungen, deren Möglichkeiten des Reflektierens und deren Bedürfnissen. Dabei ist die Seelsorgerin bzw. der Seelsorger stets das wahrhaftige Gegenüber, das einerseits die Patienten abholt,

4 In einer Studie über das Selbstverständnis von ehrenamtlichen Seelsorgenden hat Michael Fischer als eine der zentralen Tätigkeiten der Seelsorge »Perspektiven weiten« gefunden. Vgl. M. *Fischer*, 2014, S. 85.

5 Vergleiche die Fragestellung nach der spirituellen und der spezifisch christlichen Kompetenz bei T. *Steinforth*, 2013, 9–13. Diese ist zwar eine andere als die Frage nach Auswahlkriterien von Seelsorgenden. Die Beschreibung der spirituellen Kompetenz lässt im Vergleich mit den von uns definierten Kriterien einer heilsamen Spiritualität Ähnlichkeiten erkennen.

6 Die Existenzanalyse setzt sich mit der Frage auseinander, welche Voraussetzung eine Person braucht, damit sie auf die Fragen und Herausforderungen des Lebens mit personalen Stellungnahmen antworten kann. Alfried Längle nennt diese Voraussetzungen »Grundmotivationen« und baut das psychotherapeutische Konzept Existenzanalyse auf diese Grundmotivationen auf (vgl. A. *Längle*, 2016, 94–124).

wo sie stehen, aber mit der eigenen Überzeugung und Gottverbundenheit als Gesprächspartner/in präsent ist. Es sind drei Ebenen, die stets ineinandergreifen.

Den Auftrag leiten wir von dem Jesuswort ab: »Ich war krank, und ihr habt mich besucht …« (Mt 25,36). Hier steht dezidiert nicht: »Ich war katholisch, ich war gläubig, bin regelmäßig zum Gottesdienst gegangen, ich bin nicht geschieden und halte alle Gebote der Kirche ein …« Somit sehen wir den primären Auftrag, den kranken Menschen zu besuchen und sich um den Menschen, wie es ihm in seiner Krankheit geht, zu kümmern. Das haben wir als unseren Grundauftrag definiert. In einer breit angelegten Schweizer Forschungsarbeit wurden die Erwartungen von Patienten, Angehörigen, Pflegepersonen und Ärzten an die Seelsorge erhoben.[7] Eine wichtige Aussage dieser Untersuchung ist, dass die meisten im Krankenhaussystem Tätigen erwarten, dass die Seelsorge Zeit für die Patientinnen und Patienten hat und sich um deren seelisches Befinden sorgt. Damit hat die Seelsorge eine wichtige Funktion im Krankenhaus, die das Personal entlastet und dabei etwas tut, was dem Evangelium entspricht. Die spirituelle Haltung der Seelsorgerin bzw. des Seelsorgers aus einer Verbundenheit mit dem liebenden Gott prägt »diese mitmenschliche Begleitung, die von Spiritualität inspiriert sein und indirekt spirituelle Erfahrungen ermöglichen kann.«[8] (Weiher, S 132). In der Vinzenz Gruppe nennen wir diesen Auftrag »human care«.

Die zweite Ebene bezeichnen wir als »spiritual care«. Da in der Literatur unter diesem Begriff Unterschiedlichstes verstanden wird, haben wir unser Verständnis folgendermaßen beschrieben: Es geht um die Kunst, spirituelle Bedürfnisse der Patienten zu entdecken und spirituelle Ressourcen zu wecken. Beides wird meist nicht explizit benannt. »In jeder Kommunikation geschieht es, dass Menschen etwas von dem

7 U. *Winter-Pfändler*, 2010a und 2010b.

8 S. *Weiher*, 2014, 132.

anklingen lassen, was ihnen in ihrem Leben Bedeutung gibt – ja, was ihnen ›heilig‹ ist.«[9] (Weiher, S. 98). Mit dem Modell der symbolischen Kommunikation macht uns Weiher deutlich, wie sehr die Grenzen zwischen *human care* und *spiritual care* durchlässig sind. Der Begriff »Spiritualität« ist hier in seiner vollen Bandbreite zu verstehen – von einem weltimmanenten bis zu einem die Welt transzendierenden Spiritualitätsbegriff: Weiher spricht einerseits von der Alltagsspiritualität, in der das, was den Menschen zutiefst bewegt und inspiriert, zur Sprache kommt. Er meint damit »die Art, wie Menschen den Dingen und Ereignissen des Lebens über sich hinaus Bedeutung geben, den ›Geist‹ ihrer Beziehungsgeschichte mit der Wirklichkeit.«[10] Andererseits weist er auf die sogenannte Glaubensspiritualität hin, »wenn Menschen sich über diese implizite Bedeutungsgebung hinaus ausdrücklich mit dem Geheimnis des Lebens in Verbindung wissen. […] Dem heiligen Geheimnis aller Wirklichkeit.«[11]

Bei aller Offenheit wird die christliche Seelsorgerin bzw. der christliche Seelsorger wegen der eigenen gläubigen Überzeugungen nicht alle spirituellen Formen unterstützen können. Der prophetisch-kritische Auftrag bleibt, so sehr der Ansatz »die Menschen dort abholen, wo sie stehen« grundsätzlich auch gilt. Deshalb werden christliche Seelsorger immer auf eine Beziehung zu dem »Urgrund der Patientinnen und Patienten« hinarbeiten, und damit an der Stärkung des Grundvertrauens, an der Beziehungsfähigkeit der Patienten, an deren Achtung und Selbstachtung und an der Suche nach dem – die Grenzen des Lebens übersteigenden – Sinn.

Die dritte Ebene unseres Auftrages – »pastoral care« – bezieht sich auf all jene Menschen, denen Gebete und Rituale aus der christlichen Tradition viel bedeuten und die

9 Ebd., 98.

10 An dieser Stelle sei auf das Modell »Symbolische Kommunikation« verwiesen, vgl. ebd., 96f.

11 S. *Weiher*, 2014, 112.

diese als eine Unterstützung erfahren. Manche in der Tradition von christlichen Kirchen aufgewachsenen Menschen suchen gezielt konfessionelle Krankenhäuser, weil sie dort u. a. auch eine gute, religiöse Seelsorge erwarten. Spätestens hier wird nun deutlich, dass dieser dreifache Auftrag durchlässige Grenzen hat: Denn seelsorgliche Begegnung mit kirchlich sozialisierten Menschen wird immer auch ein Abholen der menschlichen Befindlichkeit, ein Heben der spirituellen Bedürfnisse und Ressourcen, das in ein traditionelles Ritual münden kann, beinhalten.

1.4 Teil des therapeutischen Teams

Es ist die Entscheidung des Managements eines Ordenskrankenhauses, ob die Seelsorge Teil des therapeutischen Teams ist oder nicht. Die Vinzenz Gruppe sieht in der Integration des therapeutischen Teams einige Vorteile, wenn die Seelsorge als Profession gesehen wird, die für den Heilungsprozess der Patienten einen wichtigen Beitrag liefern kann. Es sei hier darauf hingewiesen, dass »Heilung« unter anderem auch das Akzeptieren einer nicht heilbaren Krankheit bedeuten kann. Wenn Ärzte und Pflegeperson verstehen, was Seelsorge mit ihrem dreifachen Auftrag konkret leistet bzw. die Seelsorger/innen selbst ihre wertvolle Leistung sichtbar machen, werden sie von den anderen Professionen sehr geschätzt. Für Ärzte und Pflege kann es sehr entlastend sein, wenn sie bei Gesprächsbedürfnissen der Patienten auf die Seelsorge verweisen können.

Es gelten nach unseren Erfahrungen einige Voraussetzungen, damit Seelsorge sich als Teil des therapeutischen Teams positionieren kann:

- Solide Qualifikation und strukturierte Arbeitsweise der Seelsorge
- Unterzeichnen der Verschwiegenheitspflicht, wie alle Mitarbeitenden des Krankenhauses

- Definierte Prozesse der Erreichbarkeit und der Kommunikation mit anderen Professionen (u.a. gute Abstimmung mit klinischer Psychologie)
- Einsicht in die Dokumentation und die Möglichkeit, selbst in die Dokumentation eintragen zu können
- Aktives Sichtbarmachen der eigenen Arbeitsweise und der eigenen Leistungen
- Solidarische Anpassung an das System Krankenhaus gerade dort, wo Regelungen für alle Mitarbeitenden – egal welcher Profession – gelten (z.B. Weiterbildungs- und Abwesenheitsregelungen), ohne aber den eigenen Auftrag aufzugeben.

2. STRUKTURELLE EINBINDUNG DER SEELSORGE IN DIE ORGANISATION DES KRANKENHAUSES

Nach meiner Erfahrung bewegen sich viele Seelsorger/innen in öffentlichen Krankenhäusern wie freischaffende Künstler. Die einzige Mindestanforderung besteht darin, dass die Seelsorge erreichbar ist, wenn der seltene Fall eintritt, dass ein Patient eine Seelsorge verlangt. Sehr pointiert formuliert (und da möchte ich niemandem etwas unterstellen): Ob die Seelsorgeperson nun tatsächlich ihre Dienstzeiten im Haus bzw. bei den Patienten verbringt, kontrolliert niemand. Im Gegenteil: Immer wieder erfahren Seelsorger/innen sich als Fremde auf der Station, die eher stören als dass sie willkommen sind. Zumindest wird von einigen Ärzten oder Pflegenden keine Rücksicht auf die Seelsorge genommen.

Die Leitungen konfessioneller Krankenhäuser verfolgen ein besonderes Interesse daran, dass die Seelsorge im Haus gut positioniert ist und auch ihren wertvollen Beitrag erbringt. Das verlangt aber nach einer klaren Einordnung in das Organigramm des Krankenhauses, was aber angesichts der unterschiedlichen Anstellungsverhältnisse der Seelsorger/innen sich als schwierig erweisen könnte: Manche Mitarbeiter/innen der Seelsorge sind bei einer Diözese angestellt und werden von dieser auch bezahlt; manche Gehälter von diesen Diözesanangestellten werden vom Ordenskrankenhaus refundiert, das heißt, dass die tatsächlich Zahlenden die Krankenhäuser sind; wiederum andere Seelsorgemitarbeiter/innen sind direkt beim Krankenhaus angestellt; die fachliche Führung obliegt aber in allen Anstellungsformen der Diözese. Trotzdem: Hinsichtlich des Profils entwickelt sich der/die seelsorgerlich Tätige »immer mehr zu einem wichtigen Mitspieler von multi- und interprofessionellen Teams, deren Mitglieder ihren je eigenen Beitrag am Heilungsauftrag des Patienten wahrnehmen und gestalten. Teamarbeit erfordert klare Konturen sowie nachvollziehbare Regeln«[12].

Ziel ist es nun, eine Struktur zu finden, die einerseits den seelsorglichen Auftrag aus kirchlicher Sicht und damit verbunden die fachliche Hoheit der Kirchen bzw. der Diözesen sicherstellt, andererseits die Seelsorge als ernstzunehmende Partnerin in der Organisation verankert. Es soll ein Rahmen geschaffen werden, der eine verbindliche und verlässliche Zusammenarbeit mit der Seelsorge ermöglicht und klärt, in welchen Strukturen die Seelsorge Einfluss auf das Krankenhausgeschehen nehmen und welche Ansprüche sie auch geltend machen kann. In Kooperationsverträgen zwischen den einzelnen Diözesen und der Vinzenz Gruppe wurden in längeren Verhandlungen folgende Strukturen vereinbart:

2.1 Leitung des Seelsorgeteams mit zwei Vorgesetzten

Das Team der Seelsorge hat eine klare Leitung (was in manchen Diözesen unüblich ist). Ihr sind somit die hauptamtlichen, die ehrenamtlichen Seelsorger/innen und auch die Mitarbeiter-Seelsorge zugeordnet. Die Leitung der Klinikseelsorge hat sowohl fachliche als auch disziplinäre Verantwortung – egal, welches Anstellungsverhältnis die Mitarbeiter/innen der Seelsorge auch haben.

12 Berufsbild und Mindeststandards.

Die Leitung der Seelsorge hat zwei Vorgesetzte: Einerseits ist sie fachlich – und wenn sie bei der Diözese angestellt ist, auch disziplinär – dem zuständigen Referenten der Diözese zugeordnet. Andererseits hat sie in der Krankenhausleitung einen klaren organisatorischen Vorgesetzten (bei uns ist das der sog. Wertevorstand, Teil der Krankenhausleitung). Einmal im Jahr – bei Bedarf öfter – werden Reflexions- und Zielvereinbarungsgespräche geführt: Zu dritt – der Diözesanreferent für Krankenhaus-Seelsorge, der Vorstand Wertemanagement und die Leitung der Seelsorge – reflektieren das vergangene Jahr. Sie vereinbaren für das kommende Jahr Ziele oder vereinbaren bei Bedarf Regeln der Zusammenarbeit. Dabei können falsche Entwicklungen korrigiert, aber auch Anforderungen des Krankenhauses an die Seelsorge mit der Diözese abgestimmt werden und auch umgekehrt. Der Wertevorstand hat auch in besonderer Weise disziplinarische Verantwortung für alle jene Reglungen, die mit der Diözese vereinbart wurden. Die Leitung des Seelsorgeteams ist ebenfalls als Führungskraft des Hauses anerkannt. Damit ist sie auch inhaltlich stark in die Geschehnisse des Hauses eingebunden. Sie ist über die Vorkommnisse gut informiert und kann wie alle Führungskräfte direkt Einfluss nehmen. In monatlichen Gesprächen mit dem Vorstand Wertemanagement werden Themen gut ausdiskutiert. Die Seelsorge hat so die Möglichkeit, wichtige Anliegen direkt in der Krankenhausleitung zu deponieren. Als Mitglied diverser Führungskräfte-Gremien und -Konferenzen ergeben sich für sie konkrete Gestaltungsmöglichkeiten. Durch die Teilnahme an dem internen Führungskräfte-Lehrgang (dreimal zwei Tage) lernen die Seelsorgeleitenden die Organisation verstehen und einige Schlüsselkräfte der Vinzenz Gruppe persönlich kennen.

2.2 Netzwerke in der Vinzenz Gruppe

Netzwerke der Vinzenz Gruppe sind Experten- und Beratungsgremien der Geschäftsführung. So wie es u. a. ein

Netzwerk des Qualitätsmanagements, Personalmanagements etc. gibt, wurde auch das Netzwerk Seelsorge – bestehend aus den Leitenden der Seelsorgeteams und der Leitung des Zentralbereiches Wertemanagement – eingerichtet. Primäre Zielsetzungen dieses Netzwerkes sind

- die Vertiefung der Qualität und Professionalisierung der Seelsorge,
- die Weiterentwicklung der Angebote der Seelsorge,
- die gegenseitige Unterstützung durch kollegiale Beratung und gezieltes Lernen voneinander, und
- das Aufzeigen von Themen, die das Management oder das Wertemanagement übernehmen und bearbeiten sollen.

Eine spannende Phase war der Diskussionsprozess der Geschäftsordnung für das Netzwerk Seelsorge. Die anfänglich sehr unterschiedlichen Vorstellungen über Zielsetzung und Aufgaben des Netzwerkes konnten dadurch angeglichen werden, dass ein Verständnis für die unterschiedlichen Anliegen erarbeitet wurde. Der endgültigen Fassung der Geschäftsordnung konnten alle nach dem längeren Dialog zustimmen. Aus meiner Sicht hatte dieser Prozess zwei wichtige Ergebnisse: Sowohl die Geschäftsleitung der Vinzenz Gruppe als auch die Mitglieder des Netzwerkes hatten ein gemeinsames Bild von der Rolle und der Bedeutung des Seelsorge-Netzwerkes gewonnen. Darüber hinaus erkannten die Seelsorgeleitungen, welche Chance für sie dieses Instrument Netzwerk bietet und wie sie diese nutzen können.

Die am Netzwerk Beteiligten treffen sich viermal im Jahr für einen ganzen Tag. Wichtige Themen, die in den letzten Jahren erarbeitet wurden, sind: Standardisierung der Weiterbildungen für ehrenamtlich Mitarbeitende, Qualitätsmanagement in der Seelsorge, Verankerung von theologischen Reflexionen in den Teams, Seelsorge in der Ambulanz und Umgang mit Schuld im Kontext der seelsorglichen Begegnungen.

Die Mitarbeiter-Seelsorger/innen treffen sich ebenfalls einmal im Quartal zur »ARGE Mitarbeiter-Seelsorge«. Neben Austausch und gegenseitigen Unterstützungen ist die Entwicklung von gemeinsamen Angeboten und Maßnahmen ein zentrales Ziel. So wurde eine Toolbox für unterschiedlichste Rituale entwickelt; Maßnahmen, um den Sinn des Osterfestes niederschwellig zu vermitteln; eine »Mail-Pfingst-Novene« (ganz kurze und prägnante Impulse, die zwischen Ostern und Pfingsten per Mail an alle Mitarbeitenden geschickt werden und sie – ebenso niederschwellig – zur Erfahrung mit dem Geist Gottes hinführen). Im letzten Jahr haben die Mitarbeiter-Seelsorgenden die Projektgruppe »Kirchenjahr« inhaltlich unterstützt. Ein Kirchenjahr-Kalender in DIN-A2-Größe wurde herausgegeben, der viele Informationen und Anregungen zum christlichen Jahreskreis enthält.

2.3 Weitere Maßnahmen zur Integration der Seelsorge in die Organisation

Im Folgenden werden nur beispielhaft einige Ansätze erwähnt. Damit soll deutlich werden, dass die strukturelle Integration viele Gelegenheiten eröffnet, prophetisch-kritisch und prophetisch-konstruktiv Einfluss auf das Krankenhaus zu nehmen.

- Um die Seelsorge besser als Teil des therapeutischen Teams zu positionieren, wurde mit allen Primarärzten (entspricht in Deutschland den Chefärzten) und Pflegebereichsleitungen in ihren Jahreszielen ein einstündiges Gespräch mit dem Seelsorge-Team vereinbart. Ziel war es, über die konkrete Arbeitsweise der Seelsorge informiert zu werden. Eine »Indikationsliste Krankenhaus-Seelsorge« wurde als Gesprächsgrundlage entwickelt: An welchem Verhalten oder an welchen typischen Äußerungen der Patienten erkennt ein Arzt oder eine Pflegeperson, dass Seelsorge angezeigt ist?

- In jedem Krankenhaus haben die Klinische Psychologie und die Seelsorge in einem Workshop ihre Arbeit einander vorgestellt. Dabei wurden die spezifischen Aufgaben der beiden Professionen herausgearbeitet, Überschneidungen sichtbar gemacht und geklärt, wie die Kommunikation in Zukunft zur guten Abstimmung ihrer Patientenarbeit gesichert wird.
- Ein Krankenhaus hat zusätzlich in jeder Abteilung eine Pflegeperson als »Seelsorge-Beauftragte« ernannt. Diese Personen werden einmal im Quartal zu einer zweistündigen Gesprächsrunde mit der Seelsorge zusammengerufen und sollen die aktuellen Anliegen in das eigene Team weitertragen.
- »Seelsorge« ist Mitglied in jedem klinischen Ethikkomitee der Krankenhäuser. Ethische Leitlinien und Empfehlungen entwickelt der häuserübergreifende Ethikbeirat, in dem die Seelsorge ebenfalls vertreten ist.
- Die Wertegruppe jedes Krankenhauses ist interprofessionell besetzt und arbeitet als Gremium des Wertemanagements gemeinsam mit der Krankenhausleitung an dem christlichen Profil und an der christlichen Kultur des Hauses. Patienten- und Mitarbeiterseelsorge gehören fix zu dieser Wertegruppe.
- Seelsorge arbeitet in unterschiedlichen Projekt- und Arbeitsgruppen der Vinzenz Gruppe mit (z. B.: Überarbeitung der Mitarbeiterbefragung, Projekt »Kinder als Angehörige von Sterbenden«).

3. QUALITÄTSMANAGEMENT ALS LERNPROZESS

Qualität sicherzustellen, ist gerade im Gesundheitswesen wichtig. Das Leben steht oft auf dem Spiel. Auf Grund der Forderung des Qualitätsmanagements nach einer nachweislichen Struktur-, Prozess- und Ergebnisqualität an alle Berufsgruppen war auch die Seelsorge gefordert. Die Einführung eines Qualitätsmanagements erweckte bei vielen, bei der Seelsorge im Besonderen, Widerstand. Die Gründe sind klar: Kein Seelsorger hat in der Hand, was die seelsorglichen Begegnungen tatsächlich bei den Patienten bewirken. Außerdem kann niemand einen »Zähler« zwischen Gott und dem Patienten installieren, der die Verbesserung der Gottesbeziehung misst. Wozu soll sich »Seelsorge, in der es um die intime Liebesgeschichte eines Menschen mit Gott geht«[13], mit möglicher Qualitätssicherung ihrer Arbeit auseinandersetzen? Die Antworten auf diese Frage liegen nicht auf der Hand.

3.1 Qualitätssicherung der Seelsorge – wozu?

Hier möchte ich zusammenfassen, welche – auch für die Seelsorger/innen attraktiven – Gründe für ein Qualitätsmanagement wir in unserem einige Jahre andauernden Diskussionsprozess gefunden haben:

- *Sichtbarmachen der Leistung der Seelsorge*
  Die Untersuchungen von Winter-Pfändler haben gezeigt, dass auch das Krankenhauspersonal hohe Erwartungen an die Seelsorge hat – bei sehr unklaren Vorstellungen, was Seelsorge tatsächlich leistet. Es kam bereits vor, dass vom Krankenhaus finanzierte Seelsorgeposten gestrichen wurden, mit der Begründung, dass der Beitrag der Seelsorge für den Krankenhausablauf ein unwesentlicher sei. So ist bei unseren Seelsorgenden das Interesse erwacht, selbst in einer einheitlichen Diktion benennen zu können, worin der essentielle Beitrag der Seelsorge besteht und wie die Qualität ihrer Arbeit gesichert wird. Letztlich geht es darum, durch die Darstellung der eigenen Qualitätsarbeit von anderen Professionen als Partner ernst- und von der Leitung als wertvoller Player des Ordenskrankenhauses wahrgenommen zu werden.

13 M. *Fischer*, 2009, S. 344.

- *Herstellen eines gemeinsamen Verständnisses von qualitätsvoller Seelsorgearbeit*
  Es kann sehr leicht passieren, dass Seelsorger/innen als Einzelkämpfer durch das Haus ziehen und sich nicht in ihre Karten schauen lassen. Der Prozess um das Ringen, an welchen Kriterien sie gute seelsorgliche Begegnungen messen und was inhaltliche Qualität in der Seelsorgearbeit ausmacht, zwingt ein Seelsorgeteam, sehr konkret über die eigene Arbeit zu sprechen, die Unterschiede im Selbstverständnis offenzulegen und um einen gemeinsamen Nenner zu ringen. Diese Erfahrung des gemeinsamen Diskurses war für alle Beteiligten äußerst wertvoll.

- *Abgleichen der Erwartungen an die Seelsorge mit dem eigenen Selbstverständnis*
  Seelsorge ist tatsächlich im alltäglichen Arbeitsprozess nicht so unabkömmlich eingeplant und eingespannt wie z. B. ein Arzt im Operationssaal oder eine Pflegekraft in ihrem Dienst. Sie ist leichter abrufbar. Durch diese leichtere Verfügbarkeit werden Seelsorger/innen auch leichter mit berufs-untypischen Aufgaben beauftragt (z. B. einen Bewerber durch das Haus zu führen, ein Fest zu organisieren). Durch ein transparentes und regelmäßiges Aufzeigen der Seelsorgeleistungen werden falsche Sichtweisen über die Seelsorge korrigiert und Erwartungen an die Seelsorge kanalisiert, was ja die Grundlage einer guten Zusammenarbeit ist.

- *Selbstkritisches Aufdecken von blinden Flecken und Sichten von Entwicklungsfeldern*
  Zur Lernoffenheit gehört das schlichte Wissen, dass niemand fehlerfrei und perfekt ist. Diese Fähigkeit, auch über die eigenen Grenzen und Schwächen in der seelsorglichen Arbeit sprechen zu können, ist eine Voraussetzung dafür, dass ein Qualitätsmanagement auch tatsächlich eine Weiterentwicklung der Qualität bringt. Die Haltung

des persönlichen Lerninteresses ist im Laufe des ersten Evaluierungsprozesses gewachsen.

- *Anpassung der Seelsorge-Angebote an veränderte Situationen* Der Krankenhausalltag hat sich in den letzten Jahren sehr verändert und wird dies auch in den nächsten Jahren tun. Es besteht in den Evaluierungsprozessen die Chance, nach neuen Modellen und Wegen zu suchen, um den Patientinnen und Patienten in dem veränderten Umfeld gerecht zu werden. Dazu finden Sie in der Folge ein Beispiel.

3.2 Strukturelle Qualitätskriterien

Nach einer eher kurzen Skizze der strukturellen Qualität und der Kennzahlen der seelsorglichen Arbeit wird im Anschluss daran die spannende Entwicklung inhaltlicher Qualitätskriterien und des Arbeitens mit ihnen beschrieben.

Strukturelle Qualitätskriterien sind bereits im Seelsorgekonzept der Vinzenz Gruppe enthalten:

- *Qualifikationen als Voraussetzung für die Beschäftigung in der Seelsorge:* Wir haben uns hier im Wesentlichen mit den Diözesen abgestimmt und setzen diese Kriterien auch konsequent um. Mit einer der Diözesen wurde ein Vorgehen vereinbart, wie im Einzelfall fehlende Voraussetzungen subsumiert werden können.

- *Personalschlüssel:* Wir haben einen eigenen Personalschlüssel definiert, der absichern soll, dass genug Zeit für die Patientinnen und Patienten zur Verfügung steht. Da die strukturelle Einbindung der Seelsorge in das System Krankenhaus personelle Ressourcen benötigt, wird für die Leitung der Seelsorge eine halbe Stelle kalkuliert.

- *Klärung der Anforderungen an die Seelsorge durch andere Berufsgruppen:* Sowohl die Anforderung als auch die

Abstimmung zwischen den Berufsgruppen ist – in den Krankenhäusern unterschiedlich – definiert.

- *Klärung der verbindlichen Weiterbildung:* In jedem Haus sind die Weiterbildungen und die Supervisionen geregelt. Dadurch, dass die Leitung auch Personalführungsverantwortung hat, achtet sie auf die persönliche Weiterbildung der Mitarbeitenden. In einer Frequenz von zwei Jahren organisieren wir eine interne Seelsorge-Fachtagung für alle hauptamtlichen Mitarbeiter/innen.

- *Voraussetzungen, Begleitung und Führung der ehrenamtlichen Mitarbeiter/innen:* Die Aufnahmevoraussetzungen sind mit den Diözesen abgestimmt, Begleitung und Führung der ehrenamtlichen Mitarbeitenden geregelt. Einmal im Jahr gibt es ein internes Weiterbildungsangebot.

3.3 Qualitätskennzahlen

Die Umsetzung der Qualitätskennzahlen ist wegen des Einwands, dass diese Zahlen die Qualität unserer Arbeit nicht abbilden, nicht ganz einfach gewesen. Trotzdem bin ich davon überzeugt, dass in einzelnen Teams die Kennzahlen eine positive Führungs- und Entwicklungsarbeit bewirkt haben. Wir haben uns auf folgende Kennzahlen geeinigt:

- Anzahl der seelsorglichen Begegnungen der haupt- und ehrenamtlichen Mitarbeiter/innen mit Patienten,

- Anzahl der seelsorglichen Begegnungen der hauptamtlichen und ehrenamtlichen Mitarbeiter/innen mit Mitarbeiter/innen des Krankenhauses,

- Prozentualer Anteil der Arbeitszeit, die die Seelsorger/innen tatsächlich in seelsorglichen Begegnungen mit Patienten und Angehörigen verbringen.

Diese Kennzahlen werden dadurch erhoben, dass zumindest einen Monat lang alle Seelsorger/innen genaue Aufzeichnungen führen und diese Zahlen hochrechnen (zwölf Monate minus Abwesenheitszeiten wegen Urlaubs und Weiterbildungen). Die Problematik der Anzahlerhebungen besteht in der Entscheidung, was als seelsorgliche Begegnung gezählt wird und was nicht. Selbst der Versuch, den Begriff »Seelsorgliche Begegnung« zu definieren, hat uns keine vergleichbaren Zahlen geliefert. Grundsätzlich sind ja alle Qualitätskennzahlen immer auf Entstehung und Hintergründe zu deuten.

Das Ergebnis der Kennzahlenerhebung hat bei den Krankenhausleitungen Staunen erregt und zu Beachtung und Anerkennung der Seelsorgeleistung geführt. Die Versuchung eines Rankings zwischen den Seelsorgeteams bleibt zwar bestehen; inzwischen haben die Seelsorgeleitungen es aber gelernt, zu argumentieren und vor allem auch Veränderungen gegenüber den Zahlen des Vorjahres zu begründen. Beachtlich ist auch der prozentuelle Anteil der von den ehrenamtlichen Mitarbeitern geleisteten Gespräche (in einem großen Krankenhaus leisten zwei Drittel der Seelsorgegespräche ehrenamtlich Mitarbeitende). Dadurch wurde auch wieder die Sinnhaftigkeit der persönlichen Leitungsressourcen bekräftigt, denn ehrenamtlich Mitarbeitende benötigen gute Begleitung.

Wieviel Zeit von der gesamten Arbeitszeit verwendet eine Seelsorgerin bzw. ein Seelsorger tatsächlich für seelsorgliche Begegnungen mit Patienten und Angehörigen? Die Zahlen zeigen, dass die psychische Belastungskapazität von Seelsorgenden begrenzt und dass das Arbeitsfeld der Seelsorge vielfältig ist (Liturgien, Veranstaltungen, inhaltliche Festgestaltungen, Mitwirken in Arbeitsgruppen …).

3.4 Inhaltliche Qualitätskriterien

Nachdem die Verantwortlichen unseres Qualitätsmanagements die Kennzahlen und strukturellen Qualitätskriterien anerkannt haben, wurde die Seelsorge nochmals mit der Nachweisbarkeit der Ergebnisqualität gefordert. Fragen in der jährlichen Patientenbefragung erheben bereits, ob die seelsorglichen Angebote bekannt waren, und wie zufrieden Patientinnen und Patienten mit den seelsorglichen Gesprächen waren, wenn diese in Anspruch genommen wurden. Es gab bereits einzelne Versuche zur Erhebung der Ergebnisqualität, die aber die Seelsorge nicht überzeugten: Nach einem Angehörigengottesdienst wurden die Angehörigen ein Jahr nach dem Tod des Patienten über Erfahrungen mit der Seelsorge befragt. Ein zu hundert Prozent positives Feedback hat zwar die Seelsorge gefreut, Entwicklungspotenziale wurden aber nicht sichtbar.

- *Der Entwicklungsprozess von inhaltlichen Qualitätskriterien*
  In einem Suchprozess mit den Verantwortlichen der Diözesen und dem Netzwerk Seelsorge hatten wir uns auf folgendes Vorgehen geeinigt: Wir grenzen unseren Qualitätssicherungsprozess auf wenige für den Krankenhausalltag typische seelsorgliche Situationen ein und entwickeln zu diesen Situationen Kriterien, an denen die Seelsorgerin bzw. der Seelsorger erkennt, ob es eine gute seelsorgliche Begegnung war oder nicht. In mehreren Klausuren wurden diese Kriterien mit den Leitenden der Seelsorgeteams, den Verantwortlichen der Diözesen und Prof. Ladenhauf entwickelt. Zwischen den Klausuren wurden die Entwürfe in Feedbackschleifen in den Seelsorgeteams diskutiert und weiterentwickelt.

  Wir hatten uns ursprünglich auf drei Situationen geeinigt, später wurde noch eine vierte Situation ausgearbeitet. Die Situationen wurden mit Stichwörtern umrissen:

  - *Einmal-Begegnungen*: Situationen, in denen es voraussichtlich nur diese eine Begegnung geben wird, aber mit einem konkreten Anliegen.

- *Eingeschränkte Kommunikation*: Begegnungen auf der Intensivstation, Begegnungen mit demenziell erkrankten Personen und mit Sterbenden.
- *Krisenhafte Situationen von Patienten*: Seelsorgliche Krisenbegleitung nach Diagnoseeröffnungen, bei Retraumatisierungen und Begleitung von Angehörigen bei Verabschiedungen.
- *Langzeitbegleitung von Patienten und Bewohner/innen in Pflegehäusern*

Diesen Diskussionsprozess über qualitätsvolle Seelsorgearbeit in ausgewählten Situationen kann ich allen Seelsorgeteams sehr empfehlen: Woran erkenne ich als Seelsorger z. B., dass eine seelsorgliche Begegnung auf der Intensivstation gut war? Plötzlich werden die unterschiedlichen Sichtweisen und das divergierende Selbstverständnis sichtbar. Es wird auch über die persönlichen Grenzen und Befangenheiten gesprochen und den Umgang damit. Ich vermute, dass diese Offenheit und Tiefe in den Diskussionen deshalb entstanden ist, weil wir verbindliche (!) Kriterien entwickeln wollten. Darüber hinaus hat uns die externe fachliche Begleitung gutgetan. In diesem einjährigen Ringen haben wir viel an Klarheit über unser berufliches Selbstverständnis und an Reflexions- und Lernoffenheit gewonnen.

Wir verstehen das Ergebnis als Qualitätskriterien der Diözesen, die mitgearbeitet haben, und der Vinzenz Gruppe. Von sämtlichen Zahlenspielen (z. B. mindestens sechs der Kriterien müssten erfüllt werden) haben wir Abstand genommen. Im ersten Jahr wurden zur Implementierung dieser Kriterien in jedem Team eigene Fallsupervisionen zu jeder dieser Situationen unter externer Begleitung durchgeführt. Damit wurden in den Teams erste positive Erfahrungen mit diesen Qualitätskriterien gemacht und die Kriterien wurden nochmals modifiziert.

In Anschluss wurde im Netzwerk eine Vorgangsweise entwickelt, wie wir mit diesen Kriterien in Zukunft arbeiten bzw. diese regelmäßig evaluieren wollen. Nach einem Pilotversuch haben wir vereinbart, diesen Evaluierungsprozess – trotz hohem zeitlichen Aufwand – jährlich durchzuführen und ihn im Netzwerk im vierten Quartal auszuwerten.

- *Der Evaluierungsprozess als Lernprozess*
  Unser Evaluierungsprozess zielt vor allem darauf ab, Weiterentwicklungen und Lernfelder zu erkennen – und das auf mehreren Ebenen: auf der individuellen Ebene des Seelsorgers, auf der Ebene des Seelsorgeteams des Krankenhauses und auf der Ebene der Vinzenz Gruppe. Auf folgende Schritte haben wir uns geeinigt:

  - Das Seelsorgeteam bestimmt einen Monat, in dem die persönlichen Reflexionen durchgeführt werden: Seelsorgliche Gespräche werden relativ unmittelbar danach an Hand der inhaltlichen Qualitätskriterien – soweit diese zur Gesprächssituation passen – reflektiert. Auffälligkeiten werden notiert.
  - Am Ende dieses Monats werten die Seelsorger/innen diese gesammelten Notizen für sich aus und besprechen sie mit einer weiteren Person (z. B. Kollege, Supervisor, Vorgesetzter). Orientierungsfragen stehen als Hilfe für die individuelle Auswertung zur Verfügung. Dabei sollen wiederkehrende Themen, persönliche Betroffenheiten und Grenzen oder auch veränderte Erwartungen an die Seelsorge wahrgenommen werden.
  - In einer zeitlich erweiterten Teambesprechung werden die Erkenntnisse, Fragen und Diskussionsbedarfe aus den persönlichen Reflexionen zusammengetragen und bearbeitet. Dabei stehen potenzielle Weiterentwicklungen und Lernfelder im Fokus. Ein klares Regelwerk, was von dieser Reflexion an wen kommuniziert wird, und die Erfahrungen aus dem Pilotprojekt haben die Lernoffenheit gestärkt.

- Das Team entscheidet, was davon an die Krankenhausleitung, den sogenannten Vorstand als Bericht der Seelsorgeinhalte kommuniziert wird.
- In einem letzten Schritt werden die Erfahrungen im Netzwerk der Seelsorge zusammengetragen. Hier passiert nochmals ein Voneinander-Lernen; fallweise wurden gemeinsame Maßnahmen entwickelt.

Der Aufwand des Evaluierungsprozesses ist nicht gering. Deswegen ist es uns wichtig, dass die Ergebnisse dieser Reflexionen und Gespräche auch benannt werden können. Der Bericht im Netzwerk Seelsorge im letzten Quartal ist insofern beeindruckend, als jedes Team zumindest ein Thema bearbeitet hat, mit dem es die eigene Kompetenz erweitert und die Qualität der täglichen Arbeit verbessert. Darüber hinaus haben sich Entwicklungsschwerpunkte für die gesamte Seelsorge der Vinzenz Gruppe herauskristallisiert.

LITERATUR

Berufsbild und Mindeststandards Krankenhausseelsorge. Eine Handreichung der katholischen und der evangelischen Krankenhausseelsorge in Österreich. http://www.pastoral.at/dl/ltNNJKJKKnKkLJqx4KJK/KHS-Berufsbild.pdf; 20.7.2017

Fischer, Michael (2014): Ehrenamtliche in der Krankenhausseelsorge. Freiburg, Lambertus-Verlag.

–, Michael (2009): Das konfessionelle Krankenhaus. Gestaltung und Begründung aus theologischer und unternehmerischer Perspektive. Münster, LIT-Verlag.

Haart, Dorothee (2007): Seelsorge im Wirtschaftsunternehmen Krankenhaus. Band 68 von »Studien zur Theologie und Praxis der Seelsorge«. Würzburg, Echter Verlag.

Kinast, Rainer (2014a): Moralische Profilierungsprozesse konfessioneller Einrichtungen. Erfahrungen der Vinzenz Gruppe. In: *Bormann*, Franz Josef / *Wetzstein*, Verena (Hgg.): Gewissen. Dimensionen eines Grundbegriffs medizinischer Ethik. München: de Gruyter Verlag. S. 719–740.

Kinast, Rainer / *Platzer*, Johann (2014b): Christliche Spiritualität im Unternehmen Krankenhaus. Gespräche über Erfahrungen in der Vinzenz Gruppe. In: *Schaupp*, Walter / *Platzer*, Johann / *Kröll*, Wolfgang (Hgg.): Gesundheitssorge und Spiritualität im Krankenhaus. Innsbruck: Tyrolia Verlag. S. 119–143.

Längle, Alfried (2016): Existenzanalyse: Existentielle Zugänge der Psychotherapie. Wien, Facultas.

Nauer, Doris (2015): Spiritual Care statt Seelsorge? Stuttgart, W. Kohlhammer Verlag.

Steinforth, Thomas (2013): Wie kommt Spiritualität in die Organisation? Förderung spiritueller Kompetenz. In: Spiritual Care. Zeitschrift für Spiritualität in den Gesundheitsberufen, Heft 3/2013. Stuttgart, W. Kohlhammer Verlag. S. 8–20.

Weiher, Erhard (2014): Das Geheimnis des Lebens berühren. Spiritualität bei Krankheit, Sterben, Tod. Eine Grammatik für Helfende. Stuttgart, W. Kohlhammer Verlag.

Winter-Pfändler, Urs / *Morgenthaler*, Christoph (2010): Wie zufrieden sind Patientinnen und Patienten mit der Krankenhausseelsorge? Entwicklung eines Fragebogens und erste Resultate einer Untersuchung in der Deutschschweiz. In: Wege zum Menschen, 62. Jg., 570–584. Göttingen, Vandenhoeck & Ruprecht GmbH & Co. KG

Winter-Pfändler, Urs / *Morgenthaler*, Christoph (2010): Rolle und Aufgaben der Krankenhausseelsorge in den Augen von Stationsleitungen. Eine Untersuchung in der Deutschschweiz. In: Wege zum Menschen, 62. Jg., 585–597. Göttingen, Vandenhoeck & Ruprecht GmbH & Co. KG.

Roland Mangold / Martina Reiser / Stefan von Rüden

AUF DEM WEG ZU „GUTER ARBEIT"

DAS LERN- UND QUALITÄTSSYSTEM DER KLINIKSEELSORGE IN DER ERZDIÖZESE FREIBURG

In diesem Beitrag werden zunächst das Lern- und Qualitätssystems (*lqs*) der Klinikseelsorge in der Erzdiözese Freiburg wiedergegeben und anschließend konkrete Erfahrungen mit diesem Instrument und seine Wirkungen dargestellt.

1. ENTWICKLUNG UND HINTERGRÜNDE

Um die Jahrtausendwende kam der »Qualitätsmanagement-Zug« in den Krankenhäusern so richtig in Bewegung. Deshalb haben wir Klinikseelsorgenden in der Erzdiözese Freiburg 2002 entschieden, uns mit dem Thema Qualität in der Klinikseelsorge zu befassen. Wir haben uns mit einem QM-Systementwickler[1] zusammengetan und sind in die konzeptionelle Arbeit eingestiegen. Ausgangspunkt war die Frage: Was macht gute Arbeit im Bereich der Klinikseelsorge aus? Dies war der Auftakt zu einem bis heute andauernden Lernprozess, aus dem heraus das »Lern- und Qualitätssystem für die Klinikseelsorge« (*lqs*) entstanden ist.

In diesem Lern- und Entwicklungsprozess verantworten die Klinikseelsorgenden die inhaltlichen Bereiche und Schwerpunkte ihrer Arbeit und *Faktor NATUR* nimmt die Rolle des »Methodenexperten« wahr. Das Ordinariat ermöglicht den Prozess mit der Sicherstellung der notwendigen personellen und finanziellen Ressourcen und versteht *lqs* zugleich auch als Visitationsinstrument. Dieses Zusammenwirken hat sich als produktiv erwiesen und sichert das Fortkommen.

1 *Faktor NATUR* (damals noch *proEval*) mit Sitz am Bodensee.

Schon zu Beginn war für uns klar, dass wir die Hilfsmittel und Denkweisen des klassischen Qualitätsmanagements nicht unverändert auf die Klinikseelsorge übertragen können. Denn unser Anspruch war und ist, Hilfsmittel zu haben,

- mit denen wir unser individuelles (verteiltes) Wissen und unsere Erfahrungen sichtbar und dann für alle nutzbar machen können;
- die uns nicht vorschreiben, wie wir unsere Arbeit zu machen haben, sondern uns dabei helfen, den »besten« Weg für die jeweils spezifische Situation zu finden;
- die auch sicherstellen, dass wir auf uns selbst achten, wir Sinn, Partizipation, Autonomie und die eigene Kompetenz bei der Arbeit in der Klinikseesorge erleben können.

Viele der heute noch etablierten (Qualitäts-) Management-Systeme betrachten Organisationen als eine Art »komplexe Maschinen«. Sie gehen von der Annahme aus, dass man, wenn man die Zusammenhänge genau kennt, die Organisation und das Ergebnis (die Qualität) der Arbeit genau steuern kann. Auch mit dem »Produktionsfaktor« Mensch wird unter derselben Annahme gearbeitet. Sobald aber – wie bei uns in der Klinikseelsorge – situative und »lebendige« (nicht immer gleiche, linear-kausale) Prozesse das Geschehen bestimmen, ist dieser Denkansatz nurmehr sehr bedingt nützlich.

Nimmt man dies ernst, hat das weitreichende Konsequenzen für die Entwicklung und die Anwendung von Hilfsmitteln und Qualitätssystemen. Beschreibungen, wie »gute« Arbeit aussehen kann oder soll (Standards, Prozessbeschreibungen) sind notwendig, aber sie müssen gleichzeitig auch die Wahrnehmung der am Prozess beteiligten Menschen fördern und so das Entstehen von »guter Arbeit« aus dem unmittelbaren Tun heraus ermöglichen. Daher verursachen die Standards und Vorgaben im *lqs* keine »unguten« Gefühle (»Das geht bei mir ja gar nicht«), sondern sie lassen sich mit der jeweiligen Situation im Alltag gut kombinieren und regen zum Weiterkommen an. Dies ist bei den unterschiedlichen Rahmenbedingungen in der Klinikseelsorge eine wichtige Voraussetzung für die Akzeptanz eines Qualitätssystems.

lqs arbeitet mit dem zirkulären Erfolgsprinzip der Natur; es schreibt nicht vor, wie Arbeit zu erledigen ist, sondern es unterstützt die Klinikseelsorgenden auf dem Weg hin zur »guten Arbeit«. Wie eine Aufgabe letztlich durchgeführt wird, entscheiden die Klinikseelsorgenden autonom und situativ. *lqs* stellt eine Wegleitung und einen Satz von Werkzeugen für diesen Weg hin zur guten Arbeit zur Verfügung und sorgt so dafür, dass die Klinikseelsorgenden ihre individuellen (fachlichen und persönlichen) Fähigkeiten besser einbringen können. Sie fühlen sich dadurch wirksamer und sind letztlich auch erfolgreicher.

2. DIE WEGLEITUNG VON *lqs* – DIE LERNHELIX

Das zirkuläre Vorgehen (Erfolgsprinzip der Natur) ist für uns Menschen nicht neu. Wir haben unsere zentralen Kompetenzen wie z. B. das Laufen oder das Sprechen damit entwickelt. Aber wir tun uns im Erwachsenenalter (und folglich auch im beruflichen Alltag) schwer, dies gezielt und bewusst zu nutzen. Oft sind es auch die im Alltag etablierten linearkausalen Denk- und Verhaltensmuster, die uns davon abhalten, zirkulär denken und handeln zu können. Die lernHelix leistet hier wertvolle Unterstützung und gibt mit ihren acht Handlungsfeldern Sicherheit und Orientierung – vor allem auf unübersichtlichen Wegen. Sich beim Denken oder Handeln entlang der *lernHelix* zu bewegen, hat einen echten Mehrwert. Man könnte es auch so sagen: Man nutzt damit die Intelligenz der Natur.

In den acht Handlungsfeldern (HF) der *lernHelix* (vgl. Schaubild auf der Folgeseite) stellen wir »Werkzeuge« zur Verfügung, die man als Team oder als Einzelner nutzen kann, aber nicht muss – je nach Situation.

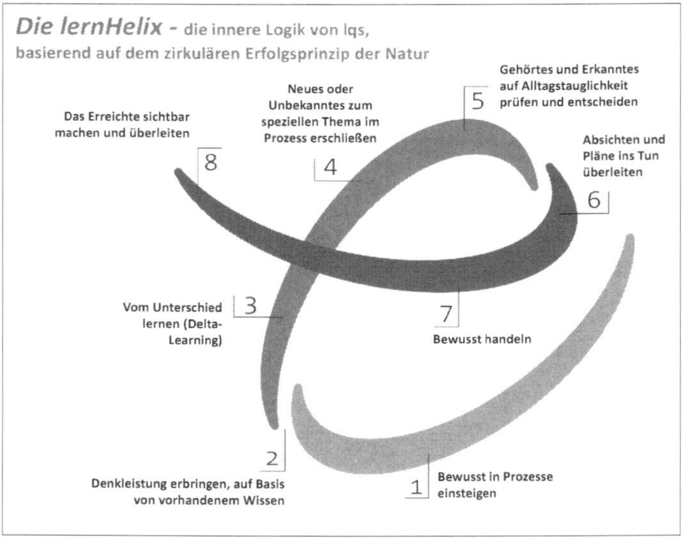

Wer erfolgreich in etwas Wichtiges einsteigen will, z. B. in ein Projekt, eine Tagung oder einen Workshop, der findet im HF 1 »Bewusst in Prozesse einsteigen« nützliche Werkzeuge. Sie helfen dabei, dass die Beteiligten den Sinn einer Sache erkennen und sich sodann aktiv beteiligen bzw. einbringen. Hier in der Erzdiözese Freiburg nutzen wir diese Werkzeuge gerne, weil wir mit einem relativ kleinen Aufwand gute Effekte erzielen. So sind beispielsweise unsere Jahrestagungen damit sehr viel produktiver geworden.

Wer die eigenbestimmte und natürliche Weiterentwicklung von Menschen und ganzen Organisationseinheiten fördern will, der kann auf die Werkzeuge im HF 2 »Denkleistung erbringen, vorhandenes Wissen sichtbar machen« zugreifen. Bei uns sind hier 17 Spezifikationen (wir erweitern diese laufend) verfügbar, in denen wir unsere Erfahrung und unser Wissen zu ausgewählten Themen der Klinikseelsorge gesammelt und sichtbar gemacht haben. In die Entwicklung unserer Spezifikationen fließt auch die Sichtweise (die Vorgabe) aus dem Ordinariat ein.

1 Erreichbarkeit der Klinikseelsorge
2 ökumenische Zusammenarbeit im Krankenhaus
3 Kooperation und Vernetzung mit dem Krankenhaus
4 Sterbebegleitung von Patienten[2]
5 Angehörige Sterbender begleiten
6 Fortbildung in der Klinikseelsorge
7 Liturgische Feiern und Zeichen im Krankenhaus
8 Vernetzung mit den Seelsorgeeinheiten
9 ethisch denken und handeln in der Klinikseelsorge
10 tätige Ehrenamtliche in der Krankenhausseelsorge
11 Seelsorge bei Angehörigen von beatmeten Patienten
12 Seelsorge bei beatmeten Patienten
13 Seelsorge auf Palliativstationen
14 Seelsorge bei demenzerkrankten Personen
15 unsere Regionalgruppe produktiv gestalten
16 für die eigene Gesundheit sorgen
17 berufsbezogene Lebensqualität

Spezifikation: Erreichbarkeit der Klinikseelsorge

Worum geht es? Erreichbarkeit umfasst die Präsenz der Klinikseelsorge im gesamten Krankenhaus für Patienten, Mitarbeiter, Angehörige und andere pastorale Dienste (z. B. Notfallseelsorge) wie auch die Möglichkeit zur zeitnahen persönlichen Kontaktaufnahme mit den Klinikseelsorgern.

- *Stadium 1*: Informationen über die Kontaktmöglichkeiten zum Klinikseelsorger sind für Mitarbeiter und Patienten zugänglich.

- *Stadium 2*: Die Erreichbarkeit ist gelegentlich Thema in Besprechungen (im Seelsorgeteam, im Stationsteam, in der Pflegedienstleitung …).

2 Der leichten Lesbarkeit wegen haben wir die männliche Sprachform gewählt. Selbstverständlich ist die weibliche Form miteingeschlossen.

Die Erreichbarkeit und die Vertretung bei Abwesenheit sind geregelt; offensichtliche Mängel werden beseitigt.
Krankenhaus- und Stationsleitungen kennen die Klinikseelsorger und die Dienstleistungen der Klinikseelsorge.
Sie wissen, wie man die Klinikseelsorger erreichen kann.
Informationen über die Klinikseelsorge sind öffentlich zugänglich (z. B. Broschüren, Aushänge ...).

- *Stadium 3*: Stadium 2 ist erfüllt.
  In Teambesprechungen ist die Erreichbarkeit regelmäßig Thema.
  Überprüfungen führen ggf. zu Veränderungen.
  Die Krankenhaus- und Stationsleitungen messen der Erreichbarkeit der Klinikseelsorge große Bedeutung zu.
  Auf Wunsch von Patienten, Angehörigen und Mitarbeitern ist der Klinikseelsorger zeitnah erreichbar. Der weitere Ablauf der Kontaktaufnahme ist für die Beteiligten transparent.
  Seelsorgerliche Dienstleistungen können bei dringenden Bedarf innerhalb einer Stunde angeboten werden.

- *Stadium 4*: Stadium 3 ist erfüllt.
  Die Erreichbarkeit der Klinikseelsorge gehört für alle Bereiche des Krankenhauses zum Standard. Sie ist Bestandteil der Abläufe im Krankenhaus.
  Alle Mitarbeiter in der Klinik wissen, wie die Klinikseelsorger erreichbar sind, und kennen Angebote der Klinikseelsorge.
  Die Erreichbarkeit der Klinikseelsorge ist überall in der Klinik gewährleistet.
  Die Erreichbarkeit der Klinikseelsorge ist Gegenstand regelmäßiger Überprüfungen.

- *Stadium 5*: Stadium 4 ist erfüllt.
  Die Erreichbarkeit der Klinikseelsorge gehört zu den Zielen im Leitbild des Krankenhauses.

Die Erreichbarkeit der Klinikseelsorge wird im Rahmen der Evaluierung von Abläufen in Krankenhäusern regelmäßig überprüft.[3]

Der Inhalt – und vor allem der Aufbau mit den fünf »Anwendungs-Formen« – macht die *lqs*-Spezifikation zu einem »multifunktionalen« Werkzeug:

- Sie hilft, das in der gesamten Klinikseelsorge verteilte Wissen zu sammeln und sichtbar zu machen;
- man kann die Interessen und Notwendigkeiten des Ordinariats darin ganz konkret sichtbar machen;
- man kann das gesammelte Wissen mit der Spezifikation wieder gut in der gesamten Klinikseelsorge verteilen;
- sie ist eine Orientierungshilfe für das Weiterkommen;
- sie hilft, die Wahrnehmung von Sachverhalten zu schärfen, die für das Weiterkommen wichtig sind;
- man kann mit ihr auch sehr rasch und zuverlässig den aktuellen Stand der Entwicklung sichtbar machen (Self-Assessment, Visitation). Wir führen damit z. B. alle vier Jahre eine Standortbestimmung der gesamten Klinikseelsorge in der Erzdiözese Freiburg durch.

Wer Entscheidungen treffen will, die umsetzbar und im Sinne der Ziele wirksam sein sollten, der erfährt im HF 4 und 5 (»Neues erschließen« und «Gehörtes und Erkanntes auf Alltagstauglichkeit überprüfen«) Unterstützung. Wer möglichst gut vom Wissen (»guter Vorsatz«) ins Tun kommen möchte, wird in den HF 6–8 der *lernHelix* fündig. Die-

3 Diese Spezifikation wurde von der »AGKKF« für die Anwendung bei *lqs* (Lern-und Qualitätssystem) entwickelt. *lqs* ist ein Verfahren der proEval, mit dem Lern- und Entwicklungsprozesse eingeleitet und aufrechterhalten werden können. Für den Inhalt dieser Spezifikation sind die »Arbeitsgemeinschaft katholische Klinikseelsorge in der Erzdiözese Freiburg« verantwortlich.

se Werkzeuge richten ihre Aufmerksamkeit genau auf jene Sachverhalte, auf die es beim Übergang von Wissen zum Tun ankommt.

lqs entwickelt sich weiter – und wir mit ihm, denn *lqs* ist nicht nur für das «Lebendige« gebaut; es ist auch selbst ein lebendiges System. Wir entwickeln uns zusammen mit *lqs* kontinuierlich weiter. Die Koordination bei uns in der Erzdiözese Freiburg hat die *lqs*-Steuerungsgruppe. Sie stößt Entwicklungen an (neue Spezifikationen, neue Anwendungen) und beteiligt dann die Kollegen. Dies geschieht in Abstimmung mit faktor NATUR.

3. ERFAHRUNGEN MIT *lqs*

Angestoßen durch die Erarbeitung der Spezifikationen, bringen uns bereits die ersten Schritte mit *lqs* in einen Denk- und Verständigungsprozess über die Qualität unserer Arbeit in wichtigen Bereichen der Klinikseelsorge. Dies war und bleibt anregend, spannend und auch irritierend. Wir waren und bleiben herausgefordert, uns in eine für viele Theologinnen und Theologen scheinbar ganz andere Denk- und Sichtweise als die gewohnte und erlernte zu begeben. So ganz neu ist diese Denk- und Sichtweise zugleich aber nicht, ist sie doch – ganz einfach – die Art und Weise, wie sich die Natur und damit die lebenden Organismen weiterentwickeln. Das »ganz andere« bezieht sich vielmehr auf den Unterschied zwischen der Art, wie man eine »komplexe Maschine« steuert, und dem, was man tut, damit sich Menschen gut entwickeln können. Im Folgenden beschreiben wir anhand von Beispielen, wie sich diese Denk- und Sichtweise im Alltag konkretisiert.

3.1 Planung und Durchführung der Jahrestagung der AG Klinikseelsorge in der Erzdiözese Freiburg

Bei der Jahrestagung wählen die Klinikseelsorgenden das Thema, das sie für ihre Arbeit in der Klinik und für die AG als wichtig erachten. Die Leitungsgruppe, die u. a. für die Vorbereitung und Durchführung der Jahrestagungen zuständig ist, geht mit dem Anwendungsfeld D »Eine Veranstaltung/Konferenz/Tagung vorbereiten« in die Vorbereitung. Gemeinsam wird präzisiert, worum genau es geht. Danach arbeitet jeder in Einzelarbeit daran, warum dieses Thema für die Klinikseelsorgenden wichtig ist, was er bewirken möchte, was genau am Ende der Tagung vorliegen soll. Dann stellt jeder vor, was er aufgeschrieben hat. Dabei werden Übereinstimmungen und Unterschiede deutlich. Nach einem Verständigungs- und Entscheidungsprozess wird der Ablauf der Jahrestagung erarbeitet – immer mit dem Blick darauf, ob dies zum Sinn, zur beabsichtigten Wirkung und zum Ergebnis passt.

Unsere Erfahrungen:

- Wenn wir zu Beginn das, worum es uns geht, präzise formulieren, bringt uns dies Klärung und in der Folge Kraft und Motivation;
- die Erfahrung des Ähnlichen und Unterscheidenden bei der Erarbeitung führt die Teilnehmenden zu Freude am gemeinsamen Arbeiten und zu Kreativität.

Der Orientierende Einstieg (HF 1) eröffnet den Studienteil der Jahrestagung.

Unsere Erfahrungen:

- Dadurch, dass alle Teilnehmenden zu Beginn hören und lesen, worum es geht, warum das für sie wichtig ist, welche Wirkung erzielt werden und was am Ende vorliegen soll, sind sie gut orientiert und motiviert für die Arbeit am Thema.

Das Spurenprotokoll (HF 2–5), das in schriftlicher Form die Kollegen in Einzelarbeit durch den Studienteil führt, sorgt dafür, am Thema zu bleiben, eigene Erkenntnisse festzuhalten und konkrete Maßnahmen zu formulieren.

Unsere Erfahrungen:

- Am Anfang wird der eigene Bezug zum Thema hergestellt: Wo stehe ich? Welche Erfahrungen habe ich damit? Was will ich mitnehmen? Meine Unsicherheiten und Fragen?
- Der Austausch mit den Kollegen weitet den Blick. Danach kann das Expertenwissen, z. B. ein Vortrag, in den eigenen Horizont integriert werden.
- Bei den abschließenden Überlegungen, was mein nächster Schritt ist und was ich weiterverfolgen möchte, findet eine Priorisierung statt. Damit verbunden ist die Entscheidung: Das ist mein nächster Schritt. Das ist mir wichtig.
- Die Entscheidung für eine konkrete Maßnahme führt zu Motivation und Entlastung: Motivation, weil die Maßnahme im Rahmen der eigenen Möglichkeiten liegt, Entlastung, weil damit anderes zurückgestellt werden kann.

Die »Umsetzung einer Maßnahme ins Tun« (HF 6) hilft, die gefasste Maßnahme zu durchdenken und einzuleiten.

Unsere Erfahrungen:

- Das Anwendungsfeld »Umsetzung einer Maßnahme ins Tun« hilft dabei, uns über den Sinn eines Vorhabens klar zu werden, strukturiert vorauszudenken, Stolpersteine zu erkennen und möglichst konkrete Schritte der Umsetzung zu formulieren;
- die Mühe der Formulierung wird entlohnt durch die Erfolge in der Umsetzung.

Im Lauf der Jahre hat sich bei den Jahrestagungen eine durch *lqs* ermöglichte Lernkultur etabliert, die mittlerweile völlig selbstverständlich geworden ist, ohne ausdrücklich mit *lqs* in Verbindung gebracht zu werden.

3.2 Die Arbeit mit den Spezifikationen

In einer Spezifikation (HF 2) finden sich unser gesammeltes Wissen und unsere Erfahrung zu ausgewählten Themen der Klinikseelsorge. Sie beschreibt die Qualität guter Arbeit im jeweiligen Bereich in unterschiedlichen Entwicklungsstadien.

Unsere Erfahrungen:

- Schon die Erarbeitung der einzelnen Spezifikationen hat einen Verständigungsprozess unter den Kollegen darüber ausgelöst, was gute Arbeit in diesem Bereich ausmacht.
- Zugleich findet eine Verständigung über die Inhalte mit dem Ordinariat statt, das die Spezifikationen vor dem Einsatz prüft und genehmigt.
- Manche der Kollegen empfinden die fünf Stadien eher als Leistungsanforderung, der sie nie entsprechen können, denn als einen Fächer, der die Themen und Bereiche zum Anschauen und Weiterdenken anbietet.

Beim Self-Assessment (HF 2) schaut und prüft man mit Hilfe einer Spezifikation, wo in einem Bereich man gerade steht.

Unsere Erfahrungen:

- Durch das, was bereits in den Spezifikationen beschrieben ist, weitet sich der Blick über die eigene Sichtweise und Erfahrung hinaus;
- es inspiriert und motiviert, wenn wir in der eigenen Praxis Punkte und Themen ausmachen können, die über das hinausgehen, was in den Spezifikationen beschrieben ist.

Beim DeltaLearning (HF 3) im eigenen Kinikteam oder in einer kollegialen Gruppe erleben wir einen anregenden Austausch über das jeweils im Fokus stehende Thema. Gerade die Unterschiede (Deltas) in der jeweiligen Praxis geben uns Impulse für die eigene Weiterentwicklung (als Einzelne oder im Team). Am Ende eines DeltaLearnings steht ebenfalls die Entscheidung für einen nächsten Schritt, eine geeignete Maßnahme. Diese kann ebenfalls mit dem Anwendungsfeld »Umsetzung einer Maßnahme ins Tun« eingeleitet werden.

Mit dem Vollassessment (Standortbestimmung) anhand der vorhandenen Spezifikationen ist es mit überschaubarem Aufwand möglich, den Entwicklungsstand der gesamten Klinikseelsorge mit Hilfe der Selbst-Evaluation zuverlässig und anonym zu erfassen und sichtbar zu machen. Da wir dies in der Erzdiözese Freiburg regelmäßig durchführen, können wir unsere qualitativen Entwicklungen über die Jahre hinweg sehr gut sichtbar machen.

Unsere Erfahrungen:

- Die teilnehmenden Kollegen (etwa ein Drittel), sehen das Vollassessment als Anlass, die eigene Arbeit zu reflektieren und so eine Standortbestimmung vorzunehmen;
- die Ergebnisse des Vollassessments – mit Vergleichswerten zu vorangegangenen Vollassessments – zeigen, wo es im Gesamt der Erzdiözese Weiterentwicklungen und Rückschritte gibt.

Wir – und unser Dienstgeber – sehen, dass die Qualität der Arbeit von Klinikseelsorge nicht nur darin besteht, gute seelsorgliche Gespräche zu führen und ansprechende Gottesdienste und Rituale zu feiern, sondern in weit mehr. Das gesamte Feld der Klinikseelsorge kommt in den Blick.

Wir können Veranstaltungen, Konferenzen, Jahrestagungen, Seminare, Workshops, Unterricht, Regionalgruppentreffen, Self-Assessments und DeltaLearning vorbereiten und durchführen. Weil *lqs* für die Struktur sorgt, können wir uns auf die Inhalte konzentrieren. Die veränderte Qualität der Veranstaltungen wird positiv wahrgenommen.

Unser Dienstgeber hat einen umfassenderen Einblick in die Arbeitsweise und konkreten Arbeitsbedingungen der Klinikseelsorge bekommen. Einige dienst- und arbeitsrechtliche Klärungen durch den Dienstgeber (Erreichbarkeit, Rufbereitschaft usw.) wurden durch *lqs* ausgelöst und angegangen. Dies hat auch zu Klarheit und Sicherheit für uns Klinikseelsorgende geführt. Da wir in Form von *lqs* mit einem Qualitäts- und Lernentwicklungssystem arbeiten, haben wir einen

Zugang zu QM-Systemen und wissen, wie sie in Kliniken funktionieren. Wir sind daher auch in diesem Bereich anschlussfähig und können uns kompetent einbringen.

4. HERAUSFORDERUNGEN UND GRENZEN VON *lqs*

Viele Klinikseelsorgende und auch ganze Klinikteams nutzen dieses Instrument, um auf ihre Praxis zu achten und diese weiter zu entwickeln. In der Breite des Kollegenkreises kommt die Arbeit mit den Werkzeugen von *lqs* jedoch noch zu kurz.

Auch gibt es Kollegen, die grundsätzlich in Frage stellen, ob die Qualität ihrer seelsorglichen Tätigkeit mit dem entwickelten Instrumentarium überhaupt erfasst und beschrieben werden kann. *lqs* wurde allerdings auch nie dafür entwickelt, die Qualität der seelsorgerlichen Arbeit zu erfassen und zu beschreiben. *lqs* heißt daher auch nicht »Qualitäts-Erfassungs–System«, sondern »LERN– und Qualitätssystem«, was so viel bedeutet wie »Lernprozesse einleiten, die zur Weiterentwicklung der Qualität beitragen«.

Wir haben im Blick, für die Kollegen den Transfer in unsere Klinikseelsorge-Sprache und in unser Klinikseelsorge-Denken zu schaffen, Formulierungen zu finden, die an unser theologisch-kirchliches Denken anknüpfen und zugleich den bisherigen Horizont erweitern. Das Erzbischöfliche Ordinariat hat *lqs* als Lern- und Qualitätssystem für die Klinikseelsorge verpflichtend in Kraft gesetzt. Ob und wie intensiv mit dem Instrumentarium von *lqs* aber auch außerhalb von Tagungen und Vollassessments im Alltag gearbeitet wird, bleibt bislang meist der Initiative einzelner oder der Teamleitung überlassen. Der Umgang mit dem Verpflichtungscharakter, der auch viele Widerstände weckt, wird derzeit auf verschiedenen Ebenen diskutiert.

In den Leitungsgremien (Leitungsgruppe der AG Klinikseelsorge und *lqs*-Steuerungsgruppe) überlegen wir immer wieder, wie mehr Kollegen motiviert werden können, selbstverständlicher mit *lqs* zu arbeiten. Wir erleben einerseits, dass wir mit *lqs* ein hohes Maß an Selbstwirksamkeit erreichen – gleichzeitig werden das Werkzeug und die Wirkung im Kollegenkreis oft nicht als Früchte der Arbeit mit *lqs* identifiziert.

Nicht alle Kollegen schätzen die von *lqs* angeregte Qualitätsdiskussion. Nicht zuletzt aus Mangel an Verstehen und konkreten Erfahrungen löst *lqs* bisweilen irrationale Ängste aus. Manche fühlen sich beispielsweise durch das Vollassessment kontrolliert oder sehen darin eine Bewertung ihrer Arbeit, die ihnen Druck macht. Vorbehalte beziehen sich u. a. auch auf *lqs* als offizielles Visitationsinstrument der Diözesanleitung für den Bereich der Klinikseelsorge. Manche Kollegen sehen darin gar ein Kontrollinstrument und nicht das, wozu *lqs* von der Arbeitsgemeinschaft der Klinikseelsorgenden und der Diözesanleitung auf den Weg gebracht wurde: Ein Instrument der Entwicklung und Förderung von Lernen und Qualität seelsorglichen Handelns. Die jungen Kollegen, die das diözesane Gemeindevisitationsinstrument LEVI kennen, haben großes Interesse an *lqs* und zeigen eine hohe Bereitschaft, sich darin einzuarbeiten.

Die Entwicklung des *lqs*-Systems ist eine bleibende Herausforderung. Sie fordert immer wieder dazu heraus, *lqs* auf allen Ebenen der Arbeit einzubeziehen und Querverbindungen zu beachten. So gilt es beispielsweise bei der Erarbeitung diözesaner Leitlinien zum Ehrenamt in der Klinikseelsorge die bereits vorhandene Spezifikation zum Thema zu berücksichtigen und sie gegebenenfalls zu aktualisieren. Im Alltagsgeschäft wird dies schon mal sowohl von Klinikseelsorgenden als auch von Leitungsverantwortlichen in der Diözese übersehen.

Manche der zur Verfügung gestellten Instrumente, wie beispielsweise die Möglichkeit, im »*lqs*-support« online Handlungsfelder digital zu bearbeiten, wurden von den Kollegen nicht angenommen und daher wieder eingestellt. Die Entwicklung von *lqs* war bisher mit großem zeitlichen, personellen und auch finanziellen Aufwand verbunden. Wir hatten am Anfang nicht annähernd eine Vorstellung, wie aufwendig sich allein schon die Erarbeitung der bislang 17 Spezifikationen zu verschiedenen Feldern der Klinikseelsorge erweisen würde. Demgegenüber stehen auf der »Nutzen-Seite« die vielen positiven Impulse, die von der Entwicklung und der Anwendung von *lqs* in den verschiedenen Arbeitsfeldern und Arbeitsebenen der Klinikseelsorge in der Erzdiözese Freiburg ausgehen. Für die Möglichkeiten, die es durch *lqs* gibt, werben wir immer wieder im Kollegenkreis.

Es hat sich gezeigt, dass unser Lern- und Qualitätssystem zusätzliche Arbeit hervorruft, bis man eingearbeitet ist. Danach ist es in der Regel dafür da, das Wahrnehmen, Denken und Tun in den jeweils aktuellen Themenfeldern zu unterstützen und zu fördern. Es sind jedoch nicht alle Kolleginnen und Kollegen in der Erzdiözese Freiburg von *lqs* begeistert. Aber diejenigen, die sich mit der Denkfigur von *lqs* ernsthaft auseinandersetzen und die Werkzeuge von *lqs* sachgemäß nutzen, nehmen eine positive Wirkung wahr. Die daraus entstehende innere Überzeugung für *lqs* ist echt, nachhaltig und ansteckend.

Martin Merkens / Donatus Beisenkötter

AM KRANKENBETT NICHT ZU UNTERSCHEIDEN?

SEELSORGLICHE BEGLEITUNG IM KRANKENHAUS DURCH HAUPT- UND EHRENAMTLICHE

Die Zukunft der Seelsorge hängt entscheidend von einer Stärkung des Ehrenamtes ab. Während diese Behauptung im Kontext der gegenwärtigen Diskussionen um die Möglichkeiten lokaler Kirchenentwicklung beinahe ungeteilte Zustimmung findet, trifft die These, dass auch die Zukunft der Krankenhausseelsorge entscheidend von einer Stärkung des Ehrenamtes abhängt, auf unterschiedlich motivierten Widerspruch. Zur unterstellten Notwendigkeit ehrenamtlichen oder besser noch freiwilligen Engagements in der Krankenhausseelsorge gibt es gegensätzliche Positionen, die in der Praxis, aber auch in der aktuellen Literatur diskutiert werden.[1] Die Kontroverse betrifft Fragen, deren Reflexion zur Versachlichung und zur Ernsthaftigkeit der Debatte beitragen können.

1. AUSGANGSPUNKT UND HINTERGRUND

Ehrenamtliches Engagement ist weder in der Krankenhausseelsorge noch in anderen pastoralen Feldern ein Ersatz für ein professionell wahrgenommenes hauptamtliches

1 Vgl. z. B. Thomas *Hagen* / Norbert *Groß* / Wolfgang *Jacobs* / Christoph *Seidl* (Hg.), Seelsorge im Krankenhaus und Gesundheitswesen. Auftrag – Vernetzung – Perspektiven. Darin vor allem die Beiträge von: Franziskus *Knoll*, Paradigmen der Krankenhausseelsorge – was brauchen wir für die Zukunft?, 56–74; Wiltrud *Stoer*, Paradigmen der Krankenhausseelsorge – Was brauchen wir für die Zukunft?, 276–278; Peter *Neher*, Zukunftsperspektiven: Wohin geht die Krankenhausseelsorge?, 289–291; Jutta *Mader*, Professionelle Krankenhausseelsorge. Chance und Aufgabe für Kirchen und konfessionelle Träger; Michael *Fischer*, Ehrenamtliche in der Krankenhausseelsorge.

Engagement, das auf einer qualitativ hochwertigen Ausbildung und darin erworbenen beruflichen Kompetenzen beruht. Ebenso wenig ist ehrenamtliches Engagement bloßes Anhängsel oder minderwertiger Lückenfüller hauptamtlicher Seelsorge. Vergleichbar etwa mit der Notfall- oder der Telefonseelsorge zeigt sich aber auch im pastoralen Feld der Krankenhausseelsorge, dass die systematische und strukturell organisierte Einbeziehung gut ausgebildeter, professionell begleiteter und für ihren Dienst beauftragter Freiwilliger ein geeigneter Weg ist, einer qualitativ hochwertigen Seelsorge das zu geben, was sie jenseits ihrer professionellen Qualität am meisten benötigt: Präsenz, das heißt achtsame Anwesenheit und kommunikative Verfügbarkeit für diejenigen, die sie benötigen, zu jenem Zeitpunkt, wenn sie diese benötigen.

»Gesundheit, Glück und ein langes Leben!« – diese Wunschtrias beschließt nicht ohne Grund den Text der Mehrzahl aller Geburtstagskarten. Krankheit, ob marginal oder lebensbedrohlich, betrifft immer den ganzen Menschen. In den Paradigmen gegenwärtiger Wirklichkeitskonstruktion sind allerdings weder Krankheit noch Tod, weder Beeinträchtigung noch Endlichkeit vorgesehen. Treten sie dennoch unübersehbar zutage, gerät unser Selbst- und Weltbild unter Druck. Nicht selten wächst diese existentielle Irritation zu einer tiefgreifenden Verunsicherung bis hin zur Verzweiflung oder auch Selbstaufgabe.

Das immer stärker an ökonomischer Effizienz orientierte Gesundheitssystem ist gezwungenermaßen medizinisch-pflegerisch vorrangig als physiologischer Reparaturbetrieb angelegt. Sozialarbeiterische Unterstützung hilft bei der alltagsrelevanten Bearbeitung der Krankheitsfolgen. Die aber mit jeder Krankheit verbundene seelische Kränkung bleibt zumeist unbeachtet und infolgedessen auch unbehandelt. Selbst wenn der körperlich-seelische Zusammenhang von allen Beteiligten längst erkannt ist, wie die Diskussionen um Resilienzfaktoren oder die Entwicklung von Ansätzen des »spiritual care« zeigen, fehlen zumeist die Rahmenbedingungen und die Mittel (Personal, Zeit, Geld), der Erkenntnis unter den gegenwärtigen Bedingungen im Krankenhausalltag ausreichend Geltung zu verschaffen. Angesichts dieser salutogenetischen Erkenntnis findet die Krankenhausseelsorge neue Beachtung. Ihr möglicher konstitutiver Beitrag zur Krankheitsbewältigung gewinnt systemrelevanten Status, sofern sie denn in der Lage ist, zumindest zwei Dinge zum Gesundheitsbetrieb beizusteuern: geschultes Personal und Zeit.

Der begrüßenswerte systemische Bedeutungswandel und Bedeutungsgewinn der Krankenhausseelsorge hat in den letzten Jahrzehnten aber nicht nur zu ihrer Professionalisierung, sondern auch zu einer Erweiterung ihres Aufgabenspektrums im Gesamtgefüge des Krankenhausbetriebs geführt, die die unmittelbaren Handlungsmöglichkeiten im direkten Kontakt zum Patienten angesichts der vorhandenen Ressourcen immer stärker auf die Gruppe der besonders kritischen und lebensbedrohlichen Erkrankungssituationen konzentriert oder zu anderen Einschränkungen führt. Die Entwicklung einer qualitätsvollen Seelsorge durch freiwillig Engagierte im Rahmen eines kooperativen Seelsorgeansatzes kann der professionellen Krankenhausseelsorge neue Ressourcen für die Begleitung von kranken Menschen, auch unabhängig von der Schwere ihrer Erkrankung und über zeitliche Ressourcen einzelner Hauptamtlicher hinaus, erschließen.

Eine erste wichtige Frage: von welcher Art qualifizierten Ehrenamts bzw. freiwilligen Engagements ist die Rede? In welcher Konstellation und in welcher Funktion können oder sollen Ehrenamtliche in der Krankenhausseelsorge eingesetzt werden? Im Bistum Münster bezieht sich die Kontroverse auf die sogenannten Seelsorglichen Begleiterinnen und Begleiter, die im Unterschied zu anderen vielfältigen Formen ehrenamtlicher Besuchs- und Begleitdienste[2] ausdrücklich Mit-

2 Grüne Damen, Christliche Krankenhaushilfe, Besuchsdienste aus Gemeinden etc.

arbeitende der Seelsorge im Krankenhaus sind. Die speziell für ihre Aufgabe ausgebildeten Seelsorglichen Begleiter sind nicht nur eine den Betrieb des Krankenhauses ergänzende Patientenbetreuung durch freiwillig Engagierte, sondern ein eigens für diesen Dienst beauftragter Teil des Seelsorgeteams im Krankenhaus. Zwar ist es nicht ausgeschlossen, dass es auch bei anderen ehrenamtlichen Diensten der Fall sein kann, dass aus den Kontakten Gespräche seelsorglicher Qualität erwachsen. Viele Engagierte in den Besuchsdiensten sehen sich allerdings zu Recht eher als Begleit- und Unterstützungsdienst für die Patienten, sie bieten Hilfestellungen und Dienstleistungen an, sind gesprächsbereit, betrachten es aber nicht als ihr vorrangiges Anliegen und fühlen sich zum Teil überfordert, ausgesprochen seelsorgliche Gespräche oder solche, die sich um Fragen einer religiösen Situations- und Selbstdeutung drehen, zu führen.[3]

2. DAS MÜNSTERANER MODELL DER KOOPERATIVEN SEELSORGLICHEN BEGLEITUNG

Ein erster Ausbildungskurs für die seelsorgliche Begleitung im Krankenhaus des bereits seit mehreren Jahren im Bistum Münster zunächst für den Bereich der Behinderten- und Altenhilfe aufgebauten Projektes einer »Kooperativen Seelsorglichen Begleitung« wurde ab Herbst 2011 in Zusammenarbeit der Franziskus-Stiftung mit dem Referat Krankenseelsorge in der Hauptabteilung Seelsorge des Bischöflichen Generalvikariats Münster durchgeführt. An diesem Pilotkurs beteiligten sich fünf Krankenhäuser in Trägerschaft der St. Franziskus-Stiftung Münster, nämlich aus Münster, Lüdinghausen, Recklinghausen und Hamm. Hinzu kam ein weiteres

3 Dies zeigen z. B. Erfahrungen bei Fortbildungsveranstaltungen der Christlichen Krankenhaushilfe im Bistum Münster, die sich mit der Thematik »Seelsorge« befassten und bei denen auch Elemente aus dem Kurskonzept der Ausbildung Seelsorglicher Begleiterinnen und Begleiter im Bistum Münster eingesetzt wurden.

Krankenhaus in Sendenhorst. 2014 wurde mit denselben Krankenhäusern ein zweiter Kurs angeboten. 2016 folgten parallel zwei Kurse, an denen sich neun weitere Krankenhäuser beteiligten. Im Jahr 2017 startete ein fünfter Kurs, zu dem drei weitere Krankenhäuser dazukamen, so dass inzwischen 17 Krankenhäuser am Projekt beteiligt sind. Insgesamt gab es in den fünf Kursen bisher 80 Teilnehmende. Die vier ersten Kurse haben insgesamt 61 Teilnehmende abgeschlossen. Davon sind zurzeit noch 47 Personen aktiv ehrenamtlich in der Seelsorge in »ihrem« Krankenhaus tätig. Die 12 Teilnehmenden des fünften Kurses sind Anfang 2018 in das zur Ausbildung gehörende Praktikum eingestiegen, das im gleichen zeitlichen Umfang erfolgt, wie die als Richtwert vorgesehene spätere Tätigkeit, das heißt etwa zwei bis drei Stunden wöchentlich an einem Vor- oder Nachmittag pro Woche.

Das Modell »Kooperativer Seelsorglicher Begleitung« war im ersten Schritt zunächst aus der Reflexion der seelsorglichen Situation in Einrichtungen der Behinderten- und Altenhilfe entstanden. Die jenseits einer rudimentären sakramentalen Versorgung weitgehend desolate seelsorgliche Kultur und Begleitung im Alltag der Einrichtungen[4] aufgrund des sich ausweitenden Fehlens professionell ausgebildeter Seelsorgerinnen und Seelsorger in den Einrichtungen führte vor allem in der Altenhilfe zunächst zu Versuchen, dieses Defizit durch ausgebildete Ehrenamtliche zu mildern. Letztlich musste erkannt werden, dass diese Versuche zum Scheitern verurteilt waren, weil es eines professionellen Ankers in der Struktur der Einrichtung bedarf, um einen ernsthaften Einfluss auf die Gesamtkultur des Hauses ausüben zu können. Im nächsten Entwicklungsschritt wurden deshalb Mitarbeitende des betreuenden bzw. pädagogischen Dienstes als seelsorgliche Begleiter ausgebildet, die im Rahmen ihres Haupt-

4 Tatsächlich stellt die Anwesenheit professionell ausgebildeter Seelsorgerinnen in kleineren Einrichtungen der Alten- oder Behindertenhilfe eine Ausnahme dar. Über hauptamtliches Personal verfügen im Bistum Münster in der Regel nur wenige große Einrichtungen.

amtes durch die Einrichtungsleitung für diese Aufgabe anteilig freigestellt sowie von kirchlicher Seite aus beauftragt und durch Mentoren aus den Pastoralteams der territorial zuständigen Pfarreien pastoral und spirituell begleitet werden. Die Fortsetzung der Ausbildung »echter« Ehrenamtlicher für die Seelsorgliche Begleitung in der Behinderten- und Altenhilfe setzt das Vorhandensein der teilfreigestellten Hauptberuflichen in der Einrichtung mittlerweile zwingend voraus.

Die Übertragung des Modells auf den Bereich des Krankenhauses hatte zu berücksichtigen, dass die Bedingungen in der Krankenhausseelsorge von vornherein ganz anders aussehen. Im Gegensatz zur Behinderten- und Altenhilfe verfügen die Krankenhäuser in der Regel über eine große Anzahl hauptberuflicher und über ihre pastorale Grundausbildung hinaus speziell für diese Aufgabe ausgebildeter Krankenhausseelsorger/innen. Ebenso bedeutsam ist, dass pflegerisches Personal aufgrund der verschärften Arbeitsbedingungen und absehbarer Schwierigkeiten bei der Rollenabgrenzung nicht für eine aktive Mitwirkung in einem kooperativen Seelsorgemodell zur Verfügung steht.

Das Projekt der »Kooperativen Seelsorglichen Begleitung« im Krankenhaus setzt ausdrücklich darauf, Ehrenamtliche Seelsorgliche Begleiterinnen und Begleiter nur dort einzusetzen, wo hauptamtliche Krankenhausseelsorgende zur Zusammenarbeit mit den Ehrenamtlichen zur Verfügung stehen und zu ihrer Begleitung bereit sind. Das bedeutet umgekehrt: Wo keine hauptamtlichen Krankenhausseelsorgerinnen und Krankenhausseelsorger tätig sind oder wo diese die Zusammenarbeit mit Ehrenamtlichen nicht wünschen, werden auch keine Ehrenamtlichen in der Krankenhausseelsorge eingesetzt. Bei der Entwicklung des Münsteraner Modells[5] wurde ausdrücklich auf Erfahrungen zurückgegriffen,

5 Ausführlicher beschrieben in: Michael *Fischer*, Ehrenamtliche in der Krankenhausseelsorge, 37ff.

die zum Beispiel in München[6] seit weit über dreißig Jahren oder in Innsbruck[7] seit fünfundzwanzig Jahren gesammelt wurden.[8] Allerdings unterscheidet sich das Münsteraner Modell insofern von seinen Vorbildern, als hier die Ausbildung nicht in Händen des einzelnen Krankenhauses liegt, sondern durch ein zentrales diözesanes Ausbildungsangebot mit dezentraler Anbindung an die örtliche Krankenhausseelsorge von Anfang an auch kleinere Krankenhäuser in die Lage versetzt wurden, sich am Projekt zu beteiligen. In den meisten der zahlreichen Krankenhäuser, vor allem in Häusern in nichtkirchlicher Trägerschaft innerhalb des Gebietes des Bistums Münster stehen keine ausreichenden hauptamtlichen personellen Ressourcen zur Ausbildung eines ehrenamtlichen Seelsorgeteams zur Verfügung, und es wären vermutlich auch nicht überall genügend interessierte und geeignete Ehrenamtliche zu finden, um ein adäquates Kursangebot konzipieren und bereitstellen zu können.

3. DIE QUALITÄTSFRAGE

Eine entscheidende Frage beim Einsatz Ehrenamtlicher in der Krankenhausseelsorge ist es, ob und, wenn ja, unter welchen Voraussetzungen die Qualität des seelsorglichen

6 https://www.krankenpastoral.de/de/krankenpastoral/ehrenamt/ (zuletzt aufgerufen am 2.12.2017); http://klinikseelsorge-lmu-grosshadern.de/ehrenamtliche-taetigkeit.html (zuletzt aufgerufen am 2.12.2017)

7 https://klinikseelsorge.tirol-kliniken.at/ (zuletzt aufgerufen am 2.12. 2017); http://www.dibk.at/Meldungen/Festakt-25-Jahre-Ehrenamt-in-der-Klinikseelsorge (zuletzt aufgerufen am 2.12.2017)

8 Die genannten Beispiele aus München und Innsbruck stehen stellvertretend für zahlreiche weitere in Orten, an denen zum Teil seit vielen Jahren, zum Teil erst in letzter Zeit Ehrenamtliche in der Krankenhausseelsorge ausgebildet und eingesetzt wurden und werden. Oft sind die Projekte ökumenisch organisiert. Kontakte und Austausch gab es von Seiten des Münsteraner Modells zum Beispiel mit Minden, Karlsruhe und einem im Aufbau befindlichen Projekt im Erzbistum Paderborn.

Angebotes gewährleistet ist. Damit sind alle Fragen der Unterscheidung und Vergleichbarkeit zwischen einer professionellen und einer qualifizierten ehrenamtlichen Seelsorge angesprochen, die von unterschiedlichen Standpunkten aus ebenso zu entschiedener Ablehnung eines solchen Modells wie auch zu beinahe unbedingter Zustimmung führen.

- *Die Ausbildung*
  Von vornherein klar ist, dass die Ausbildung Ehrenamtlicher nicht mit der Ausbildung Hauptamtlicher in der Krankenhausseelsorge vergleichbar ist, zumindest soweit die üblichen Standards eines grundlegenden theologischen Studiums, einer pastoralen Ausbildung und einer adäquaten klinischen Zusatzausbildung (KSA o. ä.)[9] vorausgesetzt werden (können). Gleichwohl erhalten die Ehrenamtlichen als Voraussetzung ihres Einsatzes und ihrer ausdrücklichen kirchlichen Beauftragung eine ihrem spezifischen Auftrag zur seelsorglichen Begleitung von Patientinnen und Patienten angemessene qualifizierte Ausbildung.

  Die Ausbildung Ehrenamtlicher Seelsorglicher Begleiter/innen im Bistum Münster umfasst im Zeitraum etwa eines Jahres vier dreitägige Kurseinheiten, ein halbjähriges begleitetes Tagespraktikum und eine supervisorische Begleitung im ersten Jahr der ehrenamtlichen Tätigkeit nach Abschluss des Ausbildungskurses. Die inhaltlichen Schwerpunkte der Kurseinheiten bilden die Auseinandersetzung mit der eigenen Lebens- und Glaubensgeschichte, auch im Kontext von Kirchenerfahrungen, die Einübung in die Sprachfähigkeit in Glaubensdingen, die Entwicklung spiritueller Handlungsfähigkeit sowie Grundlagen des seelsorglichen Gesprächs. Im Zusammenspiel von Kurs- und Praktikumseinheiten steht die Entwicklung

9 Das Bistum Münster hat z. B. eine eigene Fachqualifikation Krankenhauspastoral für Seelsorgerinnen und Seelsorger aller pastoralen Berufsgruppen eingeführt.

des individuellen Seelsorgeverständnisses und die Klärung der eigenen Rolle in der kooperativen seelsorglichen Begleitung im Vordergrund. Daneben spielen Orte und Gelegenheiten der Seelsorge im Krankenhaus, ethische Aspekte, Fragen von Ökumene, Interreligiosität oder der Umgang mit Krisensituationen eine je nach Kursgruppe unterschiedlich ausgeprägte Rolle.

- *Das Aufgabenspektrum*
  Sowohl den Ehren- als auch den Hauptamtlichen ist von vornherein deutlich bewusst, dass ein wesentlicher Unterschied zwischen ihnen darin besteht, dass die Aufgaben und die Verantwortung der Ehrenamtlichen sich auf die seelsorgliche Situation am Krankenbett[10], in der Regel auf einer Station an einem Tag der Woche, beschränken. Der Aufgaben- und Verantwortungsbereich der Hauptamtlichen ist dagegen erheblich umfangreicher und vielschichtiger und umfasst die seelsorgliche Verantwortung für das gesamte Krankenhaus, die Frage der Erreichbarkeit in seelsorglichen Notfällen, die Mitarbeit im Kontext ethischer Fragestellungen, in der Ausbildung von Pflegekräften, im Kontakt mit der Geschäftsführung, in der Planung und Durchführung liturgischer Angebote und vielem anderen mehr[11].

  In der für den Einsatz der Ehrenamtlichen relevanten konkreten Situation am Krankenbett ist trotz der unterschiedlichen Ausbildung und institutionellen Rolle in der Regel nicht zu unterscheiden, ob nun Haupt- oder Ehrenamtliche das konkrete seelsorgliche Gesprächsangebot bereitstellen.

10 Oder bei Gesprächen und Begegnungen an anderen Orten im Krankenhaus.

11 Vgl. auch: Michael *Fischer*, Ehrenamtliche in der Krankenhausseelsorge, 105: »Professionelle haben eine andere Aufgabe und Rolle als Ehrenamtliche. Aufgrund ihrer beruflichen Ausbildung und ihrer Bezahlung tragen sie die seelsorgliche Gesamtverantwortung.«

- *Kompetenz*
  Über die Frage nach der unterschiedlichen Ausbildung und dem unterschiedlichen Aufgabenspektrum zwischen Haupt- und Ehrenamtlichen hinaus ist für die seelsorgliche Tätigkeit am Krankenbett vor allem die Frage der notwendigen Kompetenzen klärungsbedürftig. Welche Kompetenzen sind erforderlich, und wo und wie können oder müssen diese Kompetenzen erworben werden? Die für die Seelsorge am Krankenbett erforderlichen Kompetenzen sind in jedem Fall nicht ausschließlich das Ergebnis kognitiver Lernprozesse oder methodischen Trainings. Der reflektierte Kompetenzerwerb bzw. die Kompetenzentwicklung im Rahmen einer seelsorglichen Ausbildung setzt bei Haupt- wie Ehrenamtlichen in weiten Teilen vor allem eine durch Lebenserfahrung gereifte Persönlichkeit, ein sicheres Bindungsmuster, eine gesunde Selbstdistanz sowie eine situationsangemessene Kommunikationsfähigkeit bereits basal voraus.

- *Zugangswege und Voraussetzungen*
  Die Zugangswege und Voraussetzungen Hauptamtlicher für das Arbeitsfeld Krankenhausseelsorge sind vielfältig. Die Spezialisierung für dieses pastorale Feld steht in der Regel nicht am Anfang der beruflichen Tätigkeit, sondern ist das Ergebnis beruflicher Weiterentwicklung aufgrund subjektiver Neigung und objektiver Eignung. In gleichem Maße gilt das für Ehrenamtliche. Bei den Teilnehmenden an den bisherigen Ausbildungskursen im Bistum Münster zeigt sich eine große Bandbreite an beruflichen Qualifikationen und ebenso an Erfahrungen mit eigenen Erkrankungen, Krankheit, Tod und Trauer im je eigenen sozialen Umfeld, oft, aber keineswegs immer, auch Vorerfahrungen aus dem Engagement in kirchlichen Kontexten.

  Beide Aspekte, die beruflichen wie die persönlichen Erfahrungen, werden bereits im Vorfeld der Ausbildung im Rahmen eines sogenannten Informations- und Entscheidungsgespräches besprochen, das von den jeweils zuständigen hauptamtlichen Krankenhausseelsorgenden sowie den jeweils zuständigen Mitarbeitenden des Referates Krankenseelsorge bzw. der jeweiligen Kursleitung geführt wird. Diese Gespräche tragen wesentlich zur gegenseitigen Information, Klärung und gemeinsamen Entscheidungsfindung bei, ob eine Teilnahme an der Ausbildung für die jeweilige Person sinnvoll ist und in Frage kommt. Dabei sind entlang der individuellen Motivationslage sowohl kompetenzrelevante, im überwiegenden Fall erfahrungsbezogene Aspekte, konkrete Vorerfahrungen in anderen bedeutsamen Engagementfeldern[12], aber auch Fragen zur Situation der Persönlichkeitsentwicklung oder zur Vereinbarkeit von Ausbildung und Engagement mit Beruf, Familie und anderen Aktivitäten im Blick. Nicht alle Interessenten an einer ehrenamtlichen seelsorglichen Tätigkeit entscheiden sich nach diesen Gesprächen für die Aufnahme der Ausbildung, nicht alle werden zur Ausbildung zugelassen.

- *Kompetenzentwicklung*
  Kompetenz ist ein vieldeutiger Begriff. Damit kann eine Fähigkeit im Sinne erworbenen Wissens, verfügbarer Methoden und Fertigkeiten oder Eigenschaften, aber auch im Sinne von (Handlungs-) Möglichkeiten oder Macht gemeint sein. Die Teilnehmenden der bisherigen Ausbildungskurse im Bistum Münster bringen neben ihrer deutlich durch den persönlichen Glauben geprägten Motivation[13] bereits vielfältige, für das Handlungsfeld rele-

12 Mehrere der bisherigen Teilnehmenden verfügen über Ausbildungen und Erfahrungen in den Bereichen Hospiz oder Telefonseelsorge.

13 Vgl. Michael *Fischer*, Ehrenamtliche in der Krankenhausseelsorge, 50f. Die Ergebnisse der Evaluation des ersten Kurses wurden durch die Fortschreibung der Befragung in den Folgekursen inzwischen bestätigt.

vante Erfahrungen[14] mit. Dies zeigt sich daran, dass im Rahmen der Evaluation des ersten Kursprojektes deutlich wurde, dass bei den Teilnehmenden in den Bereichen der theologischen und krankheitsbezogenen Kompetenzen vergleichsweise geringe Kompetenzzuwächse zu verzeichnen waren. »In diesen Bereichen bringen die Teilnehmer bereits Erfahrungen mit, die sie noch ausbauen konnten. Kaum oder keine Erfahrung haben die Teilnehmer bislang in der seelsorglichen Begleitung. Daher erklärt sich der größte Kompetenzzuwachs in diesem Themenfeld«[15]. Man kann daraus den Schluss ziehen, dass Ehrenamtliche für dieses Handlungsfeld relevante Kompetenzen zwar bereits mitbringen, dass sie diese aber erst im Rahmen der Ausbildung und in der seelsorglichen Praxis handlungsrelevant entfalten können. Das ›exklusive‹ Handlungsfeld der hauptberuflich geprägten Seelsorge fordert vielen Ehrenamtlichen zunächst einmal Respekt ab. Sie trauen sich nicht ausdrücklich und von vornherein zu, in diesem Feld selbst seelsorglich tätig zu werden. Umso wichtiger erscheint die Möglichkeit, lernend, reflektierend und gut begleitet in dieses Handlungsfeld hineinzuwachsen.[16]

- *Auftrag und Beauftragung*
  Etwas aufgrund von Wissen, Erfahrungen oder Gelerntem zu können, ist eine der Voraussetzungen eines beruflichen

14 Vgl. ebd., 58f.

15 Vgl. ebd., 69. Auch dieser Trend ließ sich durch die Ergebnisse der Befragung in den Folgekursen bestätigen. Vergleichbar hohe Einschätzungen des Kompetenzzuwachses ließen sich bei den Items »die eigene Rolle in der seelsorglichen Begleitung kennen« und »die kirchliche Dimension der seelsorglichen Begleitung kennen« feststellen (bisher unveröffentlichte Ergebnisse der Befragung von Teilnehmenden der ersten vier Kurse für Ehrenamtliche in der Krankenhausseelsorge im Bistum Münster, 2011–2017).

16 Trifft das nicht auch auf Hauptamtliche in der Krankenhausseelsorge in der Ausbildungsphase zu?

oder auch freiwilligen Engagements. Etwas aufgrund eines Auftrags und einer geklärten Rolle tun zu können, ist eine weitere Voraussetzung. Nach erfolgreichem Abschluss ihrer Ausbildung und der Zustimmung bzw. Empfehlung sowohl durch die Kursleitung wie auch durch die jeweils zuständigen Mentoren, Mentorinnen der hauptberuflichen Krankenhausseelsorge werden die Ehrenamtlichen zunächst für eine befristete Dauer von einem Jahr zur Mitarbeit in der Krankenhausseelsorge eines bestimmten Krankenhauses kirchlich beauftragt und offiziell in ihren Dienst eingeführt. Auch an dieser Stelle kommt es vor, dass Ausbildungskandidaten, bei denen sich im Verlauf der Ausbildung und des Praktikums begründete Zweifel an der Eignung zur Arbeit am Patienten und im Team ergeben haben, die Empfehlung erhalten, sich in anderen Bereichen ehrenamtlicher Tätigkeit zu engagieren.

Erfolgt eine kirchliche Beauftragung und offizielle Einführung, klärt sich für die Betroffenen ebenso wie für Mitarbeiterinnen und Mitarbeiter im medizinischen und pflegerischen Dienst der Status und die Rolle der Ehrenamtlichen. Sie gehören damit für eine begrenzte Zeit und in einem begrenzten Umfang zum System. Die hauptberuflichen Seelsorgerinnen und Seelsorger übernehmen in diesem Rahmen ausdrücklich die Verantwortung für die kontinuierliche fachliche und menschliche Begleitung der Ehrenamtlichen. Damit etabliert sich eine neue Form des kooperativen Miteinanders, das noch einmal eine ganz eigene kollegiale Qualität gewinnen kann, wenn es gelingt, nicht nur ein oder zwei, sondern ein Team von drei und mehr Ehrenamtlichen aufzubauen, dessen Mitglieder einander in der anspruchsvollen Tätigkeit unterstützen. In einer mittlerweile abgeschlossenen, aber noch nicht veröffentlichten Befragung aller am Modell beteiligten hauptamtlichen Mentorinnen und Mentoren zeigte sich, dass die Möglichkeit der Zusammenarbeit mit einem Team Ehrenamtlicher gerade von Krankenhausseelsorgerinnen und -seelsorgern in kleinen Häusern als bereichernd erlebt wird, weil sich die kollegiale Zusammenarbeit ansonsten auf ihre jeweiligen evangelischen Kolleginnen und Kollegen beschränkte.

- *Persönliche Ressourcen*
  Neben den bisher genannten Voraussetzungen und Rahmenbedingungen für den seelsorglichen Einsatz ist es erforderlich, andere Ressourcen, wie ein ausreichendes Zeitbudget, eine gesicherte Lebenssituation oder Gesundheit in genügendem Umfang zur Verfügung zu haben. All diese Voraussetzungen betreffen sowohl Haupt- als auch Ehrenamtliche. Dennoch liegen gerade in diesen Bereichen wichtige Unterschiede zwischen Haupt- und Ehrenamt, etwa wenn es um den Umfang der spezifischen Ausbildung und um die beruflichen Rahmenbedingungen geht. Hauptamtliche verfügen in größerem Umfang über viele der genannten Voraussetzungen. Dies gilt aber nicht für die kontingenten Aspekte, wie die eigene Gesundheit oder Veränderungen im sozialen Umfeld, die sich auf die Ressourcen auswirken.

  Aufgrund solcher Faktoren können sowohl Ehren- als auch Hauptamtliche in ihren Handlungsmöglichkeiten eingeschränkt werden oder sogar ausfallen. Aufgrund des unterschiedlichen Verantwortungs- und Handlungsfeldes hat der Ausfall von Hauptamtlichen gravierendere Folgen, z. B., dass den Ehrenamtlichen beim Ausfall eines Hauptamtlichen die Begleitung fehlt. Damit wäre dem Modell nach letztlich auch der ehrenamtliche Einsatz in Frage gestellt. Eine solche Situation ist im Bistum Münster bisher noch nicht eingetreten. Auch Stellenwechsel von Hauptamtlichen haben sich bisher nicht negativ auf den Einsatz Ehrenamtlicher in den am Projekt beteiligten Krankenhäusern ausgewirkt. Gleichwohl ist es wichtig, sowohl solche Stellenwechsel durch die zuständigen Referenten im Generalvikariat kommunikativ gut zu begleiten, als auch für den Ausfall von hauptamtlichen Begleiter/inne/n der Seelsorglichen Begleiter/innen eine Lösung vorzuhalten bzw. zu finden, beispielsweise eine Vertretung durch hauptamtliche Krankenhausseelsorger/innen aus benachbarten Krankenhäusern.

4. KRANKENHAUSSEELSORGE UND KIRCHENENTWICKLUNG

Die Kontroverse um die Logik der Seelsorgeentwicklung im Krankenhaus zu einem Modell kooperativer Arbeit professionell ausgebildeter Hauptberuflicher und für einen spezifischen Dienst qualifizierter Ehrenamtlicher lässt sich nicht isoliert verstehen, sondern muß im Rahmen lokaler Kirchenentwicklung gesehen werden, die letztlich vergleichbare Herausforderungen zu bewältigen hat. In beiden Fällen spielt die Bestimmung des Verhältnisses von hauptberuflichen pastoralen Profis zu freiwillig Engagierten im Blick auf das Ziel jeglichen kirchlichen Handelns, die Verkündigung der heilsamen Anwesenheit Gottes in der Welt, eine entscheidende Rolle. Im Zusammenhang der Diskussionen um die Perspektiven lokaler Kirchenentwicklung käme ernsthaft niemand mehr auf die Idee, den Auftrag zur Evangelisierung der menschlichen Lebensverhältnisse aufzuteilen auf die Rollen von hauptberuflichen Produzenten (Profis) und ehrenamtlichen Konsumenten (Laien). Die Versuche, den kirchlichen Auftrag zur (Seel-)Sorge für Kranke und sterbende Menschen im Kontext des Krankenhauses auf hauptberufliche pastorale Profis zu beschränken, werfen unweigerlich Fragen nach dem zugrundeliegenden Kirchenbild, dem Selbst- und dem Rollenverständnis Hauptberuflicher auf.

Welches Kirchenbild ist im Kontext des Münsteraner Konzeptes der Kooperativen Seelsorglichen Begleitung leitend und welche möglicherweise unbewussten, aber handlungsprägenden Kirchenbilder stehen diesem Konzept entgegen? Im Zusammenhang der sogenannten lokalen Kirchenentwicklung ist im Bistum Münster nach weltkirchlichen Vorbildern eine Plakatsammlung mit Kirchenbildern entstanden,[17] die Unterschiede wie Entwicklungsmöglichkeiten von einem hierarchischen und priesterzentrierten Kirchenbild bis hin zu einem Bild verschiedener Orte und Gelegenheiten der (wechselseitigen) Evangelisierung in konzentrischen Kreisen aufzeigt. Im vierten Bild dieses Zyklus wird auch das Krankenhaus, genauer das Krankenbett, zu einem möglichen eigenständigen Ort kirchlichen Handelns. Ein solcher Ort entspricht weder einer Komm-, noch einer Geh-Struktur, sofern diese so verstanden wird, dass jemand von der Kirche aus ins Krankenhaus geht. In einer Begegnung am Krankenbett kann sich aber Kirche ereignen, ohne dass dies an ein Kirchengebäude oder an einen Amtsträger oder einen hauptamtlichen Krankenhausseelsorger gebunden wäre.

Parallel zu den verschiedenen Kirchenbildern lässt sich die Entwicklung der Krankenhausseelsorge innerhalb der letzten 60 Jahre betrachten, die Michael Fischer in drei Phasen unterteilt: 1. in den fünfziger und sechziger Jahren des letzten Jahrhunderts »Sakrament und Kerygma«, die vor allem durch die Spendung der Sakramente geprägt war; 2. seit Beginn der siebziger Jahre »Begegnung und Begleitung«, in der die Rezeption von Erkenntnissen und Methoden der humanistischen Psychologie maßgeblich wurde, und 3. bis in die Gegenwart die Phase »Profil und Qualität«, in der es um die Selbstvergewisserung und Profilierung sowie die Frage der Qualität geht.[18] Hier zeigt sich eine Parallele zumindest zwischen den ersten beiden Phasen und den ersten beiden Kirchenbildern. In beiden Fällen wird ein sakramental-verkündigendes Verständnis durch ein in pastoralpsychologi-

17 http://www.pastoralplan-bistum-muenster.de/fileadmin/user_upload/pastoralplan/downloads/2014/werbeflyer_Plakate_Bibelteilen.pdf (zuletzt aufgerufen am 2.12.2017)

18 Michael *Fischer*, Das konfessionelle Krankenhaus. Begründung und Gestaltung aus theologischer und unternehmerischer Perspektive, 337f.

scher Hinsicht professionalisiertes Modell abgelöst. Bedenkenswert ist dabei, dass die zunehmende Professionalisierung in der Krankenhausseelsorge (wie in der allgemeinen Pastoral) Gefahr läuft, das Theologumenon des »gemeinsamen Priestertums aller Gläubigen« auszublenden, zumindest aber deutlich vom eigenen Auftrag bzw. von der eigenen Rolle vieler professioneller Hauptamtlicher in der Krankenhausseelsorge (und in Pfarreien) abzugrenzen.

Es kommt demnach darauf an, ob innerhalb eines leitenden Kirchenbildes eher das Unterscheidende oder aber das Gemeinsame betont wird. Ebenfalls bedenkenswert ist, dass beide Phasenmodelle eben keinen kontinuierlichen Entwicklungsprozess abbilden. Stattdessen existieren in der Realität alle Phasen und Kirchenbilder gleichzeitig. Auch heute gibt es noch eine sakramental verstandene (Krankenhaus-)Seelsorge und ein priesterzentriertes oder hierarchisches Kirchenbild, sowohl auf Seiten mancher Hauptamtlicher, als auch auf Seiten vieler gläubiger ›Laien‹. Vor diesem Hintergrund, verstärkt durch das Erleben von Um- und Abbrüchen in der kirchlichen Entwicklung, ist die Phase des Bemühens und Streitens um die Profilierung der Krankenhausseelsorge wie auch der lokalen Kirchenentwicklung zu betrachten. So wird nachvollziehbar, was den Hintergrund der Debatte um das Zusammenspiel von Haupt- und Ehrenamt sowohl im Krankenhaus als auch in anderen Bereichen der Pastoral prägt.

5. CHARISMA, KOMPETENZ UND AUFGABE

In der aktuellen Debatte um Kirchenentwicklung spielt das Leitziel der Charismenorientierung eine zentrale Rolle. Die Orientierung an den Charismen erscheint als ein Schlüssel, die vermeintliche Gegensätzlichkeit etwa von Haupt- und Ehrenamt in der Perspektive der gemeinsamen Zielsetzung, zum Aufbau des Reiches Gottes das jeweilige Vermögen beizutragen, aufzulösen.

Zu Beginn des münsteraner Versuchs, das Modell der Seelsorglichen Begleitung auf den Bereich der Krankenhausseelsorge zu übertragen, stellte sich die Frage, ob es überhaupt gelingen würde, in ausreichender Anzahl geeignete und motivierte Menschen zu finden, die sich vorstellen könnten, sich für eine seelsorgliche Begleitung Kranker ausbilden und einsetzen zu lassen. Überraschenderweise meldeten sich aufgrund der offenen Ausschreibung nicht vorrangig Menschen aus dem bekannten gemeindlichen Engagement-Umfeld, sondern auch solche, deren Kontakt zur Territorialgemeinde sich eher gelockert hatte, die aber für genau die Aufgabe, um die es ging, eine hohe individuelle Motivation, in der Regel bereits Erfahrungen und zum Teil bereits erworbene Kompetenzen vorweisen konnten. Ihr Interesse lag genau darin, durch die Teilnahme an der ausgeschriebenen Ausbildung für sich selbst prüfen zu wollen, ob sie in einer seelsorglichen Tätigkeit im Krankenhaus die von ihnen mitgebrachten Erfahrungen, Fähigkeiten und Kompetenzen sinnvoll »zum Wohle anderer« einsetzen könnten, anders ausgedrückt: ob ihre individuelle Motivation, Begabung und Lebenserfahrung zum Charisma werden könnte. Allen Teilnehmenden war klar, dass der Weg dahin nur über den Erwerb für die Aufgabe notwendig vorausgesetzter Handlungskompetenzen im Rahmen der Ausbildung führen würde.

Ein beliebiges Verständnis von Charismen oder eine Gleichsetzung mit dem Kompetenzbegriff wird beidem nicht gerecht. Gleichzeitig kann für den Einsatz in der Krankenhausseelsorge kein eindeutiger Katalog von Charismen und Kompetenzen festgelegt werden. Beide Aspekte wirken in seelsorglichen Situationen im Zusammenspiel mit der Persönlichkeit der jeweils seelsorglich Tätigen. Das trifft auf Haupt- und Ehrenamtliche gleichermaßen zu. Aus dem Zusammenspiel ergibt sich ein vielfältiges, im Einzelfall auch sehr unterschiedliches Potenzial. Will man vor diesem Hintergrund die Qualität einer konkreten seelsorglichen Gesprächssituation bzw. der daran beteiligten seelsorglich tätigen Person beurteilen, dann bedarf es unabdingbar der Transparenz in einer vertrauensvollen Zusammenarbeit, des reflektierenden Austauschs bzw. der »kollegialen« Beratung und Reflexion.

Aus einem anderen Blickwinkel ist zu fragen, ob ein »festgelegtes« Handlungsfeld der Grundidee einer verstärkten Charismenorientierung entsprechen kann, die sich gerade von der sogenannten Aufgabenorientierung abgrenzt. Ist es insofern überhaupt legitim, sich bei der Suche nach Ehrenamtlichen für den Bereich der Krankenhausseelsorge auf die Charismenorientierung zu berufen? Müsste sich dann nicht an den Charismen orientieren, was getan werden kann? Ein solches offenes Charismenverständnis gerät jedoch per Definition in Konflikt mit fest umrissenen Aufgaben und Qualitätsanforderungen und scheint daher für viele seelsorgliche Handlungsfelder nicht angemessen zu sein. Im Extrem wäre im Rahmen eines solchen Charismenverständnisses dann auch eine professionelle, an konkrete Ausbildungsstandards gebundene Seelsorge unangemessen.

Hier ist es hilfreich, die von Hermann Stenger[19] eingeführte Unterscheidung von Zuständigkeits- und Fähigkeitskompetenzen zu beachten. Unabhängig von den Fähigkeiten ist für eine Tätigkeit eine Zuständigkeitsklärung, also eine Rollenklärung, beispielsweise in Form einer Beauftragung, erforderlich. Dies gilt für Haupt- wie für Ehrenamtliche. Beauftragungen sind jedoch nicht voraussetzungslos, sondern erfordern den Nachweis von Kompetenzen, unter anderem durch den Nachweis einer Ausbildung, aber immer auch eine reflexive Begleitung, um zu gewährleisten, dass die benötigten Fähigkeiten auch tatsächlich (noch) vorliegen. Stenger unterscheidet nicht umsonst vier Kombinationen von Zuständigkeits- und Fähigkeitskompetenzen[20], wobei

19 Hermann *Stenger* (Hg.), Eignung für die Berufe der Kirche. Klärung – Beratung – Begleitung, 32ff.

20 Ebd., 33.

im Idealfall beides gegeben ist, zugleich aber die Möglichkeit besteht, dass eine Fähigkeit ohne Zuständigkeit und umgekehrt eine Zuständigkeit ohne Fähigkeit vorliegt. Vor diesem Hintergrund erscheint es durchaus legitim, einen Rahmen zu setzen, in dem Charismen eingesetzt und entfaltet werden können. Ein solcher Rahmen bietet gemäß den Erfahrungen im Münsteraner Projekt der Kooperativen Seelsorglichen Begleitung auch den Raum, der benötigt wird, überhaupt auf eigene Charismen aufmerksam zu werden, diese zu entdecken, weiter zu entwickeln und »zum Aufbau der Kirche«[21] einzusetzen.

6. ERFAHRUNGSRAUM FÜR EIN NEUES ZUSAMMENSPIEL

Alle angesprochenen Fragen bedürfen einer intensiveren Bearbeitung. Auch wenn angesichts der aktuell nach wie vor pointiert geführten Debatte ungewiss scheint, ob sich in absehbarer Zeit Bedenken ausräumen und konsensfähige Antworten finden lassen, ist angesichts der positiven, auch im Rahmen kontinuierlicher Evaluation bestätigten Erfahrungen mit dem Modell Kooperativer Seelsorglicher Begleitung im Bistum Münster festzuhalten: Das Modell bietet einen guten Erfahrungsraum für ein neues Zusammenspiel von Haupt- und Ehrenamt im zentralen kirchlichen Handlungsfeld der Seelsorge. Damit verbunden ist ein positiver Erfahrungsraum im Sinne der lokalen Kirchenentwicklung, die unter dem Stichwort der Charismenorientierung auf ein Kirchenbild setzt, in dem das gemeinsame Priestertum aller Getauften und Gefirmten sichtbar und wirksam wird. Zugleich wird aber deutlich, welche komplexen Anforderungen

21 »Charismen sind getaufte Kompetenzen, die sich in den Dienst anderer stellen und dadurch die Kirche aufbauen«, siehe Thomas Söding, Taufe und Charisma. Das paulinische Erfolgsmodell, 5. Neben dem für Charismen wesentlichen ›Geschenkcharakter‹ wird eine ›Überprüfbarkeit der Echtheit‹ von Charismen in der Regel daran festgemacht, ob ein Charisma dem Aufbau der Gemeinde bzw. Kirche dient.

an die Konzeption von Ausbildung und Begleitung sowie an die Gestaltung von Rahmenbedingungen gestellt sind, um ein tatsächlich kooperatives Modell seelsorglicher Begleitung zu entwickeln und abzusichern.

Im Laufe der kirchlichen Entwicklungen wird zunehmend erkennbar, wie fragil die Zukunft einer qualitätsbewussten Krankenhausseelsorge ist, wenn sie ausdrücklich und ausschließlich auf professionelles, also hauptamtliches Personal setzt,[22] zumal sich auch und gerade eine professionelle Seelsorge der Frage nach der Qualitätssicherung nicht verschließen kann.[23] Dabei meint Qualitätssicherung nicht ausschließlich und zuerst eine unreflektierte ›Beteiligung‹ an einem der gängigen Qualitätsmanagementsysteme. Diesen sollte sich eine professionelle Krankenhausseelsorge sicher nicht verschließen, aber der grundlegende, tatsächlich allerdings nicht überall erkennbare und vollzogene Schritt wäre eine transparente und zu Kritik und Reflexion bereite Zusammenarbeit in Teams hauptamtlicher Krankenhausseelsorger/innen. Auch hier zeigt sich, dass das Modell der kooperativen seelsorglichen Begleitung sich gerade in dieser Hinsicht als bereichernd und förderlich erweist.[24]

22 Vgl. z. B. Michael *Klessmann*, Die Fremdheit der Seelsorge, 75–87. »Angesichts des absehbaren Mangels an akademisch-theologisch gebildetem Personal in beiden Kirchen ist zu entscheiden, ob und wie andere Berufsgruppen als Hauptamtliche für Krankenhausseelsorge qualifiziert und eingesetzt werden können. Auch die Bedeutung ehrenamtlicher Tätigkeit ist zu klären: Arbeiten Ehrenamtliche nur den Hauptamtlichen zu oder gewinnen sie mit einer guten Qualifikation eigenständige Bedeutung und setzen eigenständige Akzente?« (86).

23 Vgl. u. a. Martin *Seidnader*, Kirche als Dienstleisterin? 141–149. Michael Fischer schreibt dazu: »Es steht außer Frage, dass in der Seelsorge Tätige sich einem Qualitätsanspruch stellen müssen. Dies gilt aber sowohl für Hauptamtliche wie für Ehrenamtliche.«; vgl. Michael *Fischer*, Ehrenamtliche in der Krankenhausseelsorge, 105.

24 Vgl. Johann *Grabenmeier*, Nicht mehr allein (zuständig). Seelsorgliche Zusammenarbeit im Krankenhaus, 28f.; Rachel *Seifert* / Annegret *Wolf*, Gemeinsam unterwegs. Kooperative Seelsorgliche Begleitung im St. Franziskus-Hospital in Münster, 30f.

Ehrenamtliche Krankenhausseelsorge als Teil eines kooperativen Ansatzes stellt die Qualität und Professionalität hauptberuflicher Krankenhausseelsorge nicht in Frage, sondern fordert sie zu einem erweiterten Verständnis der professionellen Rolle heraus. Die Profis werden von ausschließlichen »Selbsttätern« auch zu »Ermöglichern«. Sie stellen durch ihre professionelle Begleitung, Unterstützung und Qualifizierung der Ehrenamtlichen sicher, dass das passieren kann, worauf es letztlich ankommt, dass der einzelne Patient in der Begegnung mit einem für den existentiellen Gehalt des Geschehens achtsamen Menschen seine seelische Verletzung zu Gehör bringen, seine Bewältigungsmuster lösungsorientiert neu sortieren, seine Selbstheilungskräfte aktivieren und sein Kranksein verarbeiten oder die Begrenzung des eigenen Lebens akzeptieren kann.

LITERATUR

Fischer, Michael, Das konfessionelle Krankenhaus. Begründung und Gestaltung aus theologischer und unternehmerischer Perspektive, LIT-Verlag, Berlin ³2012.

–, Michael, Ehrenamtliche in der Krankenhausseelsorge, Lambertus, Freiburg im Breisgau 2014.

Grabenmeier, Johann, Nicht mehr allein (zuständig). Seelsorgliche Zusammenarbeit im Krankenhaus, in: Unsere Seelsorge. Themenheft der Hauptabteilung Seelsorge im Bischöflichen Generalvikariat Münster. März 2014, 28f.

Hagen, Thomas / *Groß,* Norbert / *Jacobs,* Wolfgang / *Seidl,* Christoph (Hgg.), Seelsorge im Krankenhaus und Gesundheitswesen. Auftrag – Vernetzung – Perspektiven; Verlag Herder, Freiburg im Breisgau 2017.

Klessmann, Michael, Die Fremdheit der Seelsorge, in: *Hagen et al.* (Hgg.), Seelsorge im Krankenhaus und Gesundheitswesen, 75–87.

Knoll, Franziskus, Paradigmen der Krankenhausseelsorge – was brauchen wir für die Zukunft? Seelsorge in der Spannung zwischen eigener Sendung, Spiritual Care und Personalreduktion, in: *Hagen et al.* (Hgg.), Seelsorge im Krankenhaus und Gesundheitswesen, 56–74.

Mader, Jutta, Professionelle Krankenhausseelsorge. Chance und Aufgabe für Kirchen und konfessionelle Träger, Verlag Kohlhammer, Stuttgart 2017.

Neher, Peter, Zukunftsperspektiven: Wohin geht die Krankenhausseelsorge?, in: *Hagen et al.* (Hgg.), Seelsorge im Krankenhaus und Gesundheitswesen, 289–291.

Seidnader, Martin, Kirche als Dienstleisterin? Über Qualität in der Krankenhausseelsorge, in: *Hagen et al.* (Hgg.), Seelsorge im Krankenhaus und Gesundheitswesen, 41–149.

Seifert, Rachel / *Wolf,* Annegret. Gemeinsam unterwegs. Kooperative Seelsorgliche Begleitung im St. Franziskus-Hospital in Münster, in: Unsere Seelsorge. Themenheft der Hauptabteilung Seelsorge im Bischöflichen Generalvikariat Münster. März 2014, 30f.

Söding, Thomas, Taufe und Charisma. Das paulinische Erfolgsmodell, in: Unsere Seelsorge. Themenheft der Hauptabteilung Seelsorge im Bischöflichen Generalvikariat Münster. September 2015, S. 4–7.

Stenger, Hermann (Hg.), Eignung für die Berufe der Kirche. Klärung – Beratung – Begleitung. Verlag Herder, Freiburg im Breisgau [2]1989.

Stoer, Wiltrud, Paradigmen der Krankenhausseelsorge – Was brauchen wir für die Zukunft. Response im Eröffnungsplenum, in: *Hagen et al.* (Hgg.), Seelsorge im Krankenhaus und Gesundheitswesen, 276–278.

Internetquellen

https://www.krankenpastoral.de/de/krankenpastoral/ehrenamt/ (aufgerufen am 2.12.2017)

http://klinikseelsorge-lmu-grosshadern.de/ehrenamtliche-taetigkeit.html (aufgerufen am 2.12.2017)

https://klinikseelsorge.tirol-kliniken.at/ (aufgerufen am 2.12. 2017)

http://www.dibk.at/Meldungen/Festakt-25-Jahre-Ehrenamt-in-der-Klinikseelsorge (aufgerufen am 2.12.2017)

http://www.pastoralplan-bistum-muenster.de/fileadmin/user_upload/pastoralplan/downloads/2014/werbeflyer_Plakate_Bibelteilen.pdf (aufgerufen am 2.12.2017)

Volker Tenbohlen / Rainer B. Irmgedruth

ISLAM UND KRANKENHAUSSEELSORGE

BEDÜRFNISSE, SUCHE, ERSTE PRAXIS

1. MUSLIME IN DEUTSCHLAND

In Deutschland leben etwa 4,5 Millionen Menschen, die sich dem muslimischen Glauben und der muslimischen Kultur zugehörig fühlen.[1] Sie haben ganz überwiegend eine Migrationsgeschichte oder migrantische Wurzeln. Sie sind zu unterschiedlichen Zeiten, aus unterschiedlichen Anlässen und aus unterschiedlichen Herkunftsländern gekommen. Sie stammen aus zahlreichen verschiedenen Ethnien mit verschiedenen Muttersprachen. Und sie repräsentieren verschiedene Ausprägungen des islamischen Glaubens – etwa als Sunniten oder Schiiten.[2] Zu ihnen zählen »Gastarbeiter« der 1960er und 70er Jahre, vornehmlich aus der Türkei, ebenso wie solche, die in späteren Jahren – häufig als Schutz oder Asyl Suchende – vor allem aus dem arabisch geprägten Nahen und Mittleren Osten, aber auch aus anderen Regionen Asiens sowie aus Afrika aufgebrochen, in Deutschland angekommen und hier geblieben sind. Insgesamt steigt die Zahl der in Deutschland ansässigen Muslime seit Jahren kontinuierlich an, mitunter auch in Sprüngen, etwa im Zusammenhang mit der so genannten Flüchtlingskrise seit Herbst 2015. Viele Indikatoren deuten darauf hin, dass die Zahl der Muslime hierzulande auch in Zukunft weiter wachsen wird,

1 Zahlenangaben dazu differieren. Die hier genannte Zahl wurde von Bundeskanzlerin Angela Merkel in ihrer Regierungserklärung vom 21. März 2018 vor dem Deutschen Bundestag angeführt (www.bundesregierung.de).

2 Zur leichteren Lesbarkeit wird in diesem Beitrag jeweils nur die männliche Form genannt; die weibliche Form ist stets mit gemeint.

nicht zuletzt aufgrund einer vergleichsweise hohen Geburtenrate.

Die zunehmende Präsenz von Muslimen in Deutschland spiegelt sich in vielen Bereichen der Gesellschaft wider, darunter auch in den Krankenhäusern. Im ärztlichen Dienst, mitunter auch in der Pflege, und insbesondere unter den Patienten sind Muslime in immer größerem Umfang vertreten, mit offenkundig weiter steigender Tendenz. Das bringt für Krankenhäuser und ihre Träger eine Reihe von neuen Entwicklungen, Herausforderungen und Fragen mit sich. Wie soll auf besondere Erwartungen, auf kulturelle oder religiöse Prägungen und Gebräuche von Muslimen sachgerecht und einfühlsam eingegangen werden? Wie erreicht man hier Ergebnisse, die bei muslimischen Gläubigen Akzeptanz und Zustimmung finden und die zugleich Haltungen anderer Patienten und Mitarbeiter respektieren? Entsprechende Diskussionen und die Suche nach Wegen und Lösungen finden unter anderem unter dem Stichwort »Kultursensibles Krankenhaus«[3] statt. Ein Aspekt dieser Diskussion ist die Frage nach seelsorgerischen Angeboten oder auch seelsorgerischen Strukturen für Krankenhauspatienten muslimischen Glaubens. Im Rahmen dieses Beitrags soll, in der Art einer Momentaufnahme bzw. eines »Blitzlichts«, ein Blick auf die aktuelle Situation und Praxisansätze sowie auf Perspektiven für die Zukunft gerichtet werden.

2. SEELSORGE – WAS IST DAS EIGENTLICH?

In diesem Kontext ist vorab eine Klärung des Begriffs »Seelsorge« erforderlich und hilfreich: Dieser ist – historisch und von seiner Genese her betrachtet – ein genuin christlicher Begriff und muss zu seinem richtigen Verständnis zunächst

3 Vgl. dazu: *Die Beauftragte der Bundesregierung für Migration, Flüchtlinge und Integration* (Hg.), Das kultursensible Krankenhaus. Ansätze zur interkulturellen Öffnung, Berlin [3]2015.

in und aus diesem Sinnzusammenhang betrachtet werden. Ursprünglich meinte Seelsorge nämlich vornehmlich die dem einzelnen Christen selbst aufgetragene Sorge darum, dass seine Seele für das nach dem Tod erwartete göttliche Gericht in eine günstige Ausgangsposition gebracht wird. Dies sollte erreicht werden durch eine möglichst sündenfreie Lebensführung, Beachtung kirchlicher Gebote und Verbote, Empfang der Sakramente. Es ging um ein »gottgefälliges Leben« oder, zugespitzt formuliert, um die Erfüllung »religiöser Pflichten« – freilich mit Unterstützung und unter Anleitung oder Begleitung durch die Kirche und ihre Institutionen. Seelsorge in diesem historischen Sinn stellte sich somit als eine individuell zu bewältigende Aufgabe bzw. ein ganzes Bündel von Aufgaben für Christen dar, wofür im Gegenzug eine gewisse religiöse »Sicherheit« verheißen wurde.

Erst allmählich, insbesondere seit Beginn des 19. Jahrhunderts, hat sich der Seelsorgebegriff gewandelt und die heutige Bedeutung angenommen. Erst seither äußert sich Seelsorge zunehmend in den heute bekannten Formen – fast im Sinne eines Paradigmenwechsels bzw. einer inhaltlich neuen Definition des Wortes. Dazu haben Aufklärung, äußere Anfragen an das christliche Welt- und Menschenbild, neue Entwicklungen der Theologie sowie in deren Folge ein gewandeltes Selbstverständnis der Kirchen wesentlich beigetragen. Aktuell bezeichnet der Begriff Seelsorge bekanntlich vor allem Angebote, Dienste, Unterstützung und Beistand von Kirchen und Glaubensgemeinschaften für ihre Mitglieder und sich ihnen verbunden fühlende Menschen. Diese beziehen sich auf das alltägliche Leben ebenso wie auf »Lebenswenden« sowie insbesondere auch auf schwierige und kritische Lebenssituationen. Im Kontext eines Krankenhauses können seelsorgliche Angebote etwa der Beistand bei einer gravierenden Diagnose oder nach einem lebensverändernden Eingriff sein, oder auch die Trauerbegleitung nach dem Tod eines Angehörigen.

Eine so verstandene Seelsorge hat im Islam keine direkte Entsprechung. »Seelsorge« ist dort kein theologisch existenter oder inhaltlich gefüllter Begriff. Im Türkischen, im Arabischen und anderen Sprachen gibt es kein Wort dafür. Diese Tatsache wird, in christlicher Sicht, möglicherweise so empfunden, dass hier eine Leerstelle oder ein Defizit bestehe. Im Islam sind, dieser Eindruck kann beim Blick von außen mitunter entstehen, religiöse »Angebote« noch wenig entwickelt; der Akzent liegt eher im Bereich der religiösen »Pflichten«. Dabei gilt es aber zugleich zu beachten, dass Anlässe und Lebensereignisse, die aus heutiger christlicher Perspektive als seelsorglich besonders relevant erscheinen – beispielsweise Geburt, Hochzeit, Krankheit, Tod – im Islam bis in die Gegenwart weitgehend durch die Familie oder Großfamilie begleitet und gegebenenfalls »aufgefangen« werden, auch in religiöser Hinsicht. Die Mitwirkung oder Einbeziehung eines offiziellen Religionsvertreters in diese persönlichen Ereignisse, also etwas, das einer individuellen »Seelsorge« entsprechen würde, ist unüblich.

Nicht zuletzt ist im Islam als einer Religion, die in nur sehr geringem Maße institutionalisiert ist, das »geistliche Amt« vollkommen anders definiert als im Christentum und auch in der Praxis mit diesem in weiten Bereichen kaum vergleichbar. Somit stellt sich unter anderem auch die Frage nach den Trägern der Seelsorge, also Seelsorgern, in ganz anderer Weise.[4]

4 In diesem Zusammenhang sei auf eine inzwischen üblich gewordene sprachliche Differenzierung hingewiesen: Muslimische Seelsorge bezeichnet i.d.R. kooperative Angebote, wie sie etwa auch in diesem Beitrag beschrieben werden. Unter Islamischer Seelsorge sind Aktivitäten religiöser Amtsträger aus den Herkunftsländern von in Deutschland lebenden Muslimen zu verstehen, die ausschließlich von diesen getragen und inhaltlich verantwortet werden.

3. SEELSORGE – AUCH VON MUSLIMEN GESCHÄTZT

Wenn der Islam den Seelsorgebegriff aus seiner Tradition heraus zunächst einmal nicht kennt, so heißt dies doch nicht, dass ihm Inhalte und Anteile dessen, was in Seelsorge konkret geschieht, nicht zuinnerst vertraut wären.[5] Wesentliche Vollzüge einer mitmenschlichen Begleitung gerade auch krisenhafter Lebenssituationen und darin eingebettet auch eine religiöse Grundbegleitung, wie etwa die Ermöglichung, religiöse Riten und Verpflichtungen auszuüben, sind wichtige Elemente der islamischen Glaubenswelt und ihrer Lebensführung. Kranke Menschen zu besuchen, sich um sie zu kümmern und sie zu unterstützen, gehört – wenngleich anders begründet als bei Christen – auch zu den religiösen Grundpflichten eines gläubigen Muslims. Das sorgende Da-Sein und einfühlende Hören bei einem Kranken hat im Islam keinen speziellen Namen. Als Seelsorge könnte man den Dienst an den Brüdern und Schwestern dennoch bezeichnen, eine konkrete Form von Geschwisterlichkeit innerhalb des Islams.

Hinzu kommt, dass manche Entwicklungen in europäischen Gesellschaften auch Muslime und muslimische Gemeinschaften betreffen. Auch dort ist beispielsweise zu konstatieren, dass Halt gebende, bergende familiäre Kontexte sowie Beziehungsgeflechte und Beziehungsnetze sich unter den in Industriegesellschaften, auch in Deutschland, vorherrschenden Lebens- und Arbeitsbedingungen der Moderne und bei wachsendem Wohlstand auflösen können – mit allen Folgeerscheinungen. Ungeachtet der viel diskutierten »Islamischen Renaissance«, die sich in einigen mehrheitlich muslimischen Ländern vornehmlich auf politischer Ebene mitsamt entsprechenden Implikationen seit Jahren beob-

5 Vgl. dazu: *Mannheimer Institut für Integration und interreligiösen Dialog e.V.* (Hg.), Islamische Seelsorge. Perspektiven, Mannheim o.J. [ca. 2014].

achten lässt, gibt es parallel auch bei Muslimen im persönlichen Bereich durchaus Infragestellungen des überkommenen Glaubens. So wie die Christen müssen inzwischen auch nicht wenige Muslime, zumal wenn sie in Europa in der Position einer Minderheit leben, in vielerlei Hinsicht, auch religiös-spirituell, allein gelassen ihre Krankheitssituation bestehen. Auch vor diesem Hintergrund nehmen Muslime die Angebote christlicher Krankenhausseelsorge, die sie hier in Hospitälern und Kliniken vielleicht eher zufällig erleben, nicht selten offenbar als etwas Positives wahr. Christliche Krankenhausseelsorger jedenfalls berichten davon, dass muslimische Patienten das Angebot religiösen Beistands auch in ihrer eigenen Religion suchen und dies auch als Wunsch bzw. Desiderat formulieren. Die diesbezügliche Nachfrage wächst offenkundig.

Die erste Reaktion vieler Krankenhäuser auf religiöse Bedürfnisse muslimischer Patienten bestand und besteht vielfach in der Bereitstellung von Räumen, in denen sich Muslime zum Gebet versammeln können. Dies können »Räume der Stille« sein, die für alle Religionen zur Verfügung stehen, oder auch spezifisch muslimische Gebetsräume. Solche sind mitunter mit Koran-Ausgaben in verschiedenen Sprachen ausgestattet, sie verfügen teils auch über Gebetsteppiche oder mitunter sogar über die für muslimische Sakralräume charakteristische Wandnische, die die Gebetsrichtung – nach Mekka – anzeigt. Freilich handelt es sich bei solchen Räumen lediglich um eine Art baulicher Infrastruktur, die für muslimische Seelsorge hilfreich sein kann und eine gute Rahmenbedingung markiert. Ihre Bereitstellung sagt noch nichts darüber aus, ob und wie diese Seelsorge tatsächlich stattfindet.

4. PRAKTISCHE HERAUSFORDERUNGEN UND DIE SUCHE NACH EINEM INSTITUTIONELLEN RAHMEN[6]

In Deutschland gilt es als politisches Ziel, die hierzulande lebenden Muslime in die Gesellschaft zu integrieren und Ausgrenzungen zu verhindern. Entsprechende Willensbekundungen sind auch verbunden mit dem Appell an Muslime, eigene Anstrengungen zu unternehmen, um aktiv an der hiesigen Gesellschaft zu partizipieren und sich in diese einzubringen. Ein Beispiel, das eine solche Teilhabe veranschaulicht, ist der Aufbruch in eine institutionalisierte seelsorgerische Betätigung von Muslimen, unter anderem im Krankenhaus. Das islamische Angebot der Begleitung und Betreuung von Muslimen im Krankenhaus, im Notfall (Notfallseelsorge) und in anderen öffentlichen Bezügen steht, das muss deutlich betont werden, erst am Beginn einer Institutionalisierung. Vieles ist im Fluss oder im Aufbau; es gibt Versuche, Experimente und Suchbewegungen. Zahlreiche Fragen sind offen, etwa nach der Ausbildung der Seelsorger, der Anbindung an ein Krankenhaus und nicht zuletzt nach der Finanzierung. Diese Fragen sind Teil der Entwicklung, die der Islam in Deutschland nimmt und in die die Ausdifferenzierung von islamischen Organisationen, die Bemühungen um Vertretung bei staatlichen Stellen, die Ausrichtungen islamisch-theologischer Lehrstühle, die interreligiösen Beziehungen und die weitere Entwicklung der Migration nach Deutschland einfließen, und auf den sie ihrerseits Einfluss nehmen. Im Rahmen des konkreten Aufbaus bzw. Ausbaus von seelsorglichen Angeboten für Muslime in Krankenhäusern stehen in den nächsten Jahren wegweisende Entscheidungen an. Diese werden sich voraussichtlich im Schwerpunkt auf Trägerschaften, Ausbildung, Begleitung und Supervision sowie die Finanzierung beziehen.

6 Vgl. dazu insbesondere: *Mannheimer Institut*, a.a.O., 15f.

Bundesweit finden bereits an mehreren Orten Ausbildungen in Notfall- und Krankenhausseelsorge für muslimische Bewerber statt. Einige dieser Modelle werden in diesem Beitrag an späterer Stelle kurz vorgestellt. Es handelt sich durchweg um Modelle, die in Kooperation mit kirchlichen Stellen durchgeführt werden. Manche Ausbildung wird durch öffentliche Mittel gefördert, in manche fließen private Gelder oder Stiftungsmittel. Die Kandidaten für die Ausbildung zu muslimischen Krankenhausseelsorgern sind derzeit Ehrenamtliche, die in einer persönlichen oder beruflichen Beziehung zum jeweiligen Krankenhaus stehen und entsprechendes Interesse bekundet haben. Kaum vertreten sind bisher allerdings jene muslimischen Geistlichen, die europaweit für die Moscheegemeinden zum überwiegenden Teil aus den jeweiligen Herkunftsländern rekrutiert werden und in der Regel nur für begrenzte Zeit in Deutschland bleiben. Sie gelten als oftmals nicht ausreichend mit den hiesigen Gesellschaften und den Sorgen und Nöten der hier lebenden Muslime vertraut. Häufig fehlen auch die notwendigen Sprachkenntnisse. Aus ihren Heimatländern sind sie es zumeist gewohnt, sich auf klassische Funktionen wie die Leitung von Gebeten und die Freitagspredigt zu beschränken. Vor diesem Hintergrund wäre es für die Imame, wie sie auf Arabisch, bzw. Hodschas, wie sie auf Türkisch heißen, zunächst erforderlich, Verständnis für Konzepte von Seelsorge im Allgemeinen und speziell für Krankenhausseelsorge zu entwickeln und weiterzugeben. Hier bestände für die Zukunft noch Potential; die bisherigen Erfahrungen zeigen allerdings, dass entsprechendes Interesse erst zu wecken und zu fördern wäre.

Gleichwohl bedarf es zum Aufbau einer muslimischen Krankenhausseelsorge, welche diesen Namen wirklich verdient und Akzeptanz findet, der Kooperation mit lokalen muslimischen Gemeinden bzw. Gemeinschaften. Wenn diese in ihrer gegenwärtigen Ausprägung auch vornehmlich nach innen arbeiten, so wächst bei ihnen doch offenbar das Bewusstsein einer übergreifenden sozialen und – wenn man so will – auch »pastoralen« Verantwortung. Die Erfordernisse beispielsweise eines Notfall-Seelsorgeeinsatzes oder einer Betreuung im Krankenhaus setzen ein Seelsorgeverständnis voraus, das offenbar auch in muslimischen Gemeinschaften deutlicher als früher hervortritt. Der Aufbau und die Pflege von Kontakten christlicher Seelsorger zu ihren muslimischen »Kollegen«, Aufklärungs- und Vermittlungsmaßnahmen in einzelnen Moscheen können die Ausprägung eines solchen Bewusstseins unterstützen. Auch in der innerislamischen Diskussion gibt es zahlreiche Beiträge, die eine Etablierung einer institutionalisierten Krankenhausseelsorge unterstützen – unabhängig davon, wie sich diese dann konkret ausgestaltet.

Eine nicht unbedeutende Frage ist auch die nach dem Status muslimischer Seelsorger. Ob das Betreuungsangebot eine ehrenamtliche oder hauptamtliche Form annimmt, hängt auch von Umfang und Qualität der Ausbildung, von eventueller supervisorischer Begleitung und nicht zuletzt von der finanziellen Ausstattung der gesamten Arbeit inklusive der Personalmittel ab. Im kirchlichen Raum gibt es eine ganze Reihe von Ausbildungsangeboten und -modalitäten für Ehrenamtliche in der Krankenhausseelsorge. Diese könnten beispielsweise als Orientierungspunkte für entsprechende Ausbildungen auf muslimischer Seite dienen.

Es gibt zahlreiche Entwicklungs- und Zukunftspotentiale. Muslimische Bestrebungen hin zu einem eigenen institutionalisierten seelsorgerischen Angebot im Krankenhaus und entsprechende Ansätze können als Ausdruck und Teil der spezifischen Entwicklungen des Islam in Deutschland einen bedeutenden Schritt markieren, der über die vorhandenen ethnischen, »konfessionellen« und politischen innerislamischen Trennlinien hiansuweisen kann und in seiner Reflexion möglicherweise auch einen Beitrag zur Profilierung einer islamischen praktischen Theologie leisten kann. In den (krankenhaus-)seelsorgerischen Erfahrungen sowie in deren möglicher theologischer Reflexion liegt zudem Potenzial, auch in islamisch geprägte Länder hineinzuwirken, wie auch umgekehrt die gegenwärtigen religiösen Entwicklungen in der Türkei und im arabischen Raum das Selbstverständnis von Muslimen in Deutschland auf absehbare Zeit beeinflussen werden. Auch im Wechselspiel dieser beiden Bewegungen wird die muslimische Krankenhausseelsorge eine eigene Form finden, ein eigenenes Profil ausprägen und möglicherweise mit einem eigenen Namen bezeichnet werden.

5. SCHRITTE ZUR UMSETZUNG

Wie können interessierte Personen zu muslimischen Krankenhausseelsorgern qualifiziert werden? Einige konkrete Projekte und Experimente seien kurz vorgestellt.

- Einer der ersten Versuche startete bereits 2008 in *Wiesbaden*.[7] Die Stadt hatte eine Integrationsvereinbarung mit neun muslimischen Gemeinden unterzeichnet; diese umfasste auch den Plan einer seelsorgerischen Betreuung von Muslimen in Kliniken. Das Vorhaben wurde in den Moscheegemeinden der Stadt vorgestellt, und um Interessenten wurde geworben. Bewerber sollten praktizierende Muslime sein und über Grundfähigkeiten, wie Koran-Rezitation, verfügen, in Wiesbaden beheimatet und offen für neue Lernkonzepte und innerislamisches Lernen sein. Mit 30 von 60 Interessenten wurde eine Ausbildungsvereinbarung getroffen, davon waren ⅔ Frauen und ⅓ Männer, mit einer Altersspanne von 23 bis 63 Jahren, unterschiedlichen Berufsabschlüssen und Bildungsgraden, Sunniten und Schiiten, mit den Muttersprachen Türkisch, Arabisch, Berberisch, Persisch und Paschtu. Wegen dieser großen Heterogenität wurde die Gruppe selbst zu einem Lernfeld für religiöse und kulturelle

7 Vgl. dazu: G. *Erdem* / B. *Sassin*, Was heißt eigentlich Seelsorge auf Türkisch?, in: CIBEDO-Beiträge 2/2012, Frankfurt a. M.

Diversität und zum Übungsort für interkulturelle Kommunikation. Das Ausbildungskonzept lehnte sich an die Qualifizierung Ehrenamtlicher in der katholischen Klinikseelsorge an und wurde von der Fachstelle für katholische Stadtkirchenarbeit in Frankfurt am Main begleitet. Basis der Ausbildung waren in neun Monaten 140 Unterrichtsstunden Theorie und Selbsterfahrung, basierend auf der personenzentrierten Gesprächsführung nach Carl Rogers. Wertschätzung des Gesprächspartners, Authentizität und das Menschenbild des personenzentrierten Ansatzes stellten sich als kompatibel mit dem muslimischen Wertesystem und Menschenbild heraus. Gelernt wurde u. a. das Zurückstellen des Eigenen, um dem Gegenüber Raum zu geben, sich verständlich zu machen. An die Theorie schloss sich eine praktische Phase an, zunächst vier Wochen mit Begleitung als Hospitation. Nach der abschließenden Zertifizierung gingen die ausgebildeten muslimischen Seelsorgehelfer allein auf Station. Aus den praktischen Erfahrungen und deren Reflexion wurden die Wiesbadener Leitlinien entwickelt, in deren Zentrum Wunsch und Wohl des Patienten und der große Respekt vor seiner Selbstbestimmung stehen.

- In *Frankfurt am Main* wurde 2011 ein Ausbildungskurs für muslimische Krankenhausseelsorge begonnen, getragen von einer muslimischen sozialpädagogischen Einrichtung (Grüner Halbmond e.V.) und fachlich begleitet von der katholischen Seelsorge am Universitätsklinikum.[8] Mit zehn ausgewählten Teilnehmern, je zur Hälfte Frauen und Männer, alle mit sehr guten Deutschkenntnissen und überwiegend akademisch gebildet, war dieser Kurs sowohl kleiner als auch anders strukturiert als der in Wiesbaden. Parallelen gab es bei den Herkunftsländern:

8 Vgl. dazu: R. *Frisch*/B. *Sassin*, Ausbildungskurs zur Muslimischen Krankenhausseelsorge, in: CIBEDO-Beiträge 2/2012, Frankfurt a. M.

Arabische Staaten, Türkei, Eritrea und Afghanistan waren hier vertreten. Die Kursinhalte orientierten sich – selektiv – an der katholischen »Klinischen Seelsorgeausbildung« (KSA): das Krankenhaus als Institution, Gespräche am Krankenbett und mit Angehörigen, Grundlagen der Gesprächsführung, die Rolle des Seelsorgers in Verbindung mit dem Therapieteam des Krankenhauses, die Phasen von Sterben und Tod. Ein Praktikum von drei Monaten, begleitet von einem Mentor, gehörte ebenfalls zum Kurs. Das intellektuell anspruchsvolle Niveau der Ausbildung legte allerdings auch offen, dass kulturelle Eigenheiten sowie emotionale Prägungen durch religiöse Traditionen und Gesetze stärker waren, als von den Christen zunächst vermutet. Beispielsweise ist es für einen muslimischen Mann nicht ohne weiteres möglich, eine andere Frau als die eigene Ehefrau am Krankenbett zu besuchen. Auch wurde die auf muslimischer Seite zunächst vorhandene Auffassung deutlich, dass es Aufgabe von Krankenhausseelsorge sei, Glauben zu verkünden und Belehrung zu erteilen. Der Seelsorger verfüge per se über das »richtige« Wissen, den »richtigen« Glauben und die »richtigen« Antworten. Im Spiegel des christlichen Seelsorgeverständnisses konnten Grundsatzfragen diskutiert werden – insbesondere, ob der christliche Begriff der Seelsorge transreligiös verwendet werden kann und, wenn ja, wie.

- Ebenfalls 2011 wurde in *Mannheim* die Initiative »Islamische Krankenhausseelsorge in der Metropolregion Rhein-Neckar« seitens des Mannheimer Instituts für Integration und interreligiösen Dialog e.V. begonnen.[9] Die Initiative benennt als Ziele die Ausbildung von deutsch und türkisch bzw. arabisch sprechenden muslimischen Frauen und Männern zu islamischen Seelsorgern, die Entwicklung einer Zusammenarbeit mit Krankenhäusern und

9 Vgl. dazu: *Mannheimer Institut*, a.a.O., 22f.

Psychiatrien der Region für Praktika und spätere Tätigkeit in diesen Einrichtungen sowie die Einbindung von muslimischen Gemeinden und Moscheevereinen zur Schaffung von Öffentlichkeit und zur Gewinnung von für diese sensible Tätigkeit geeigneten Frauen und Männern. Es wurde ein Ausbildungscurriculum erstellt und dem Zentralrat der Muslime in Deutschland zur Zustimmung vorgelegt, die auch erteilt wurde. Strukturiert ist das Curriculum in eine Basisausbildung Islamische Seelsorge, die auch alle Aspekte der Krankenhausseelsorge abdecken will, und darauf aufbauenden Zusatzausbildungen, etwa für Notfall-, Gefängnis- oder Telefonseelsorge. Die Seminare werden durch einen religionswissenschaftlich qualifizierten Moderator begleitet; für die Praxis gibt es supervisorische Unterstützung. Die ersten auf dieser Basis ausgebildeten, ehrenamtlich arbeitenden Seelsorger konnten 2013 in Krankenhäusern im Rhein-Neckar-Raum tätig werden. Bisherige Rückmeldungen beteiligter Krankenhäuser sind positiv.

- Erwähnenswert in diesem Zusammenhang ist auch ein praktisches und religionsverbindendes Beispiel aus *Münster*: Dort haben die St. Franziskus-Stiftung Münster als Krankenhausträgerin und das Bistum Münster gemeinsam das Projekt »Ehrenamtliche Begleiter in der Krankenhausseelsorge« zur Qualifizierung interessierter Personen initiiert und konzipiert.[10] Die Ausbildung umfasst vier Einheiten von jeweils zweieinhalb Tagen, praktische Einsätze in Krankenhäusern, regelmäßige Supervision und Begleitung durch erfahrene Mentoren (hauptamtliche Krankenhausseelsorger) und erstreckt sich über ein Jahr. Unter den 70 Absolventen, die seit 2012 im seelsorglichen Einsatz sind, ist auch eine Muslima. Als langjährige

10 Eine ausführliche Darstellung des Projektes bei: M. *Fischer*, Ehrenamtliche in der Krankenhausseelsorge, Freiburg 2014.

Mitarbeiterin im hauswirtschaftlichen Bereich eines Hospitals und Aktive im Christlich-Islamischen Frauenkreis in Münster hatte sie persönliche Eindrücke christlicher Krankenhausseelsorge gewonnen und Interesse an einer vergleichbaren Tätigkeit bekundet. Nach der Teilnahme am Qualifizierungskurs ist sie seither als ehrenamtliche muslimische Seelsorgerin tätig.

6. AUSBLICK

Muslimische Seelsorge im Krankenhaus ist nicht nur ein Zukunfts-, sondern bereits ein Gegenwartsthema. Auch wenn eine »seelsorgliche« Begleitung in Krankheitssituationen in der muslimischen Tradition eigentlich nicht vorkommt – dies gilt auch für »Seelsorge« insgesamt –, so ist doch bei Muslimen in Deutschland der Wunsch nach einem derartigen Angebot im Kontext und durch Repräsentanten ihrer eigenen Religion deutlich wahrnehmbar. Darauf gilt es Antworten zu suchen. Um tragfähige Angebote zu entwickeln, bedarf es einer vielfachen Sensibilität: für andere kulturelle und religiöse Prägungen und Haltungen, für ein anderes Verständnis von Institution und Amt im Islam und nicht zuletzt für die ethnische Heterogenität der muslimischen Gläubigen in Deutschland sowie die damit verbundenen unterschiedlichen Ausprägungen ihres Glaubens. Der Bedarf ist erkannt und wird aufgegriffen; es gibt eine Reihe von Ansätzen und ersten Erfahrungen. Zudem wurden einige Ausbildungsprojekte gestartet, teils in Kooperation mit den christlichen Kirchen oder in Anlehnung an deren Konzepte. So befindet sich derzeit vieles im Fluss und in Entwicklung. Die kommenden Jahre werden zeigen, welche Gestalt und Formen muslimische Krankenhausseelsorge in Deutschland annehmen kann.

Bernhard Rathmer

EIN ORT DER KIRCHE[1]

ZUKUNFT DER KRANKENHAUSSEELSORGE – DENKANSTÖSSE AUS DER PRAXIS

Was sich in den beiden letzten Jahrzehnten in der Krankenhausseelsorge verändert hat, ist der Grad der Selbstverständlichkeit von Kirche und Seelsorge, nicht nur im Krankenhaus! Was sich nicht verändert hat, ist der Bedarf der Menschen nach Beachtung, Begleitung, Ganzheitlichkeit. Was sich ebenfalls nicht verändert hat, sind die Fragen nach Sinn angesichts von Krankheit, Tod und Trauer. Dies gilt für Patienten, Angehörige und Mitarbeiter und Seelsorgende.[1]

Deshalb ist es gut, dass es Seelsorge in Krankenhäusern und Altenheimen gibt. Es ist gut, dass es Krankenhausträger und Bistümer gibt, die dies mittragen. Und es ist gut, dass es uns als Seelsorgerinnen und Seelsorger gibt. Grundvoraussetzung ist hier: Das Krankenhaus wie auch ein Altenheim sind Orte der Kirche. Hier zeigt sich, was Kirche ist und wie Kirche geht!

1. VERÄNDERUNGEN IN DER KRANKENHAUSSEELSORGE

Was sich verändert hat, sind die Bedingungen und Voraussetzungen, unter denen Seelsorge heute geschehen muss. Darüber lohnt der Dialog. Die meisten Krankenhäuser im Bistum Münster, am Niederrhein, im Münsterland und auch im Offizialatsbezirk Oldenburg sind in kirchlicher Trägerschaft. In ihnen gehört, das lässt sich, glaube ich, noch so sagen, Seelsorge zum selbstverständlichen Angebot an Leistungen,

1 Dieser Text basiert größtenteils auf einem Vortrag, der am 21. Juni 2017 auf dem Kongress ›Zukunft der Krankenhausseelsorge‹ in der St. Franziskus-Stiftung Münster gehalten wurde.

wobei damit noch nichts über deren Stellung und Wertschätzung gesagt ist.

Eine deutliche Veränderung der letzten Jahre ist, dass die Seelsorge in der Regel von Pastoralreferentinnen, Pastoralreferenten und Diakonen geleistet wird, und nur noch wenige Priester in der Krankenhausseelsorge arbeiten. Dies bedeutet eine deutliche Veränderung, auf die ich später noch einmal zurückkommen werde.

Die Arbeitssituation vieler Kolleginnen und Kollegen stellt sich sehr unterschiedlich dar. Es gibt die, die in Teams arbeiten, mit Aufteilung der Arbeiten und Stationen, regelmäßigen Dienstbesprechungen und einem guten Austausch. Es gibt aber ebenso eine Reihe von Kolleginnen und Kollegen, die alleine in ihren Häusern arbeiten und sich mitunter an das Seelsorgeteam einer Gemeinde anbinden, um den nötigen Austausch, aber eben um auch die Unterstützung bezüglich Rufbereitschaft, Gottesdiensten und Krankensalbungen zu erhalten. Es gibt ökumenische Teams, in denen eine enge und gute Zusammenarbeit stattfindet. Insoweit gestalten sich die Arbeitssituationen sehr unterschiedlich und sind die Kolleginnen und Kollegen vor große Herausforderungen gestellt.

In den Patientinnen und Patienten, Angehörigen und Mitarbeiterinnen und Mitarbeitern begegnen den Seelsorgern die Menschen, die jeder auf der Straße, im Supermarkt und zu Hause um sich hat. Die ganze Breite der Gesellschaft mit allen Einstellungen, Ansichten und Aussichten. Das ist die große pastorale Chance und Herausforderung zur Gemeindepastoral, wo sich Menschen in der Regel mit Menschen treffen, die sich einbringen wollen oder an ganz bestimmten Stellen ihres Lebens etwas von der Kirche erwarten, worauf sie wieder abtauchen.

In der Seelsorge im Krankenhaus kommt es zur unerwarteten Begegnung. Niemand geht ins Krankenhaus um einen Seelsorger zu treffen, und doch steht er vielleicht auf einmal am Bett. Der eine erschreckt dann schon mal: Ist es schon

»so weit«? Für viele ist es seit Langem das erste Gespräch mit einem Seelsorger, das eine kurze einmalige Begegnung sein kann oder zu einer längeren Begleitung wird. Dies gilt ebenso für Mitarbeiterinnen der Einrichtungen, die den Seelsorger ansprechen oder von ihm angesprochen werden. Chancen der ungeplanten Begegnung.

Deutlich herausfordernder in der Arbeit von Krankenhausseelsorgern wird die Mitarbeit in verschiedenen Institutionen und Gremien. Da ist das Ethikkommitee, die Gruppe, die ein Leitbild entwirft, die Arbeitsgruppe, die den Umgang mit verstorbenen Kindern neu organisieren möchte usw. Der Seelsorger ist hier Teamplayer in der Sorge um das Wohl der Kranken, Angehörigen und Mitarbeiter. Das alles verlangt gut ausgebildete und breit aufgestellte Seelsorgerinnen und Seelsorger mit Wissen und Kompetenzen, die mehr sind als theologisches Wissen, ohne dies zu vernachlässigen.

2. AUFGABEN UND HERAUSFORDERUNGEN

Franziskus Knoll spricht im diesem Zusammenhang von der Bedeutung Personaler Präsenz oder der Präsenz in Lebensbrennpunkten, angelehnt an *Gaudium et Spes*: »Freude und Hoffnung, Trauer und Angst der Menschen von heute, besonders der Armen und Bedrängten aller Art, sind auch Freude und Hoffnung, Trauer und Angst der Jünger Christi. Und es gibt nichts wahrhaft Menschliches, das nicht in ihren Herzen seinen Widerhall fände.«

Darum scheint es mir zuallererst zu gehen: Personale Präsenz und Präsenz in den Lebensbrennpunkten. Beileibe kein Alleinstellungsmerkmal der Krankenhausseelsorge, aber unbedingte Bedingung. Schon in der Art, wie Jesus mit den Menschen umgegangen ist, war die unmittelbare direkte Begegnung die Bedingung, unter der er das Reich Gottes verkündete und Menschen heilte. Menschen sind in ihren Lebenskrisen auf ihn zugelaufen, haben sich durchgedrängelt und Dächer abgedeckt, um ihm zu begegnen. Es waren Menschen mit Grenzen, Einschränkungen, Menschen in Not, eben Menschen wie wir.

Hier präsent zu sein, ist Kern der Krankenhausseelsorge. Konkret: Menschen zu besuchen, dann, wenn sie darum bitten, aber auch einfach mal anzuklopfen, sich als Seelsorger vorzustellen und sich zu interessieren – für sie als Menschen, für das, was im Moment bei ihnen los ist. Die Sprache der Seelsorge ist dann die Alltagssprache: »Ich bin … Wer bist du? Erzähl mir von dir. Ich bin jetzt einfach für Sie da.«

Die Sprache der Seelsorge ist nicht fachtheologisch, sie ist in dem Sinne theologisch, in dem sie mit Menschen spricht und die Erlebnisse und Erfahrungen zu Wort kommen lässt. Sie ist theologisch, indem sie mit Menschen spricht und damit über Gott. Die entscheidende Bedingung ist: Dies kann nur gelingen, wenn Menschen da sind, vor Ort sind, nicht erst geholt werden müssen oder lange einen Termin vereinbaren müssen. Personale Präsenz ist nur durch Menschen möglich. Lebensbrennpunkte erleben wir im Krankenhaus jeden Tag.

Alltagskommunikation ist hier ein Schlüsselbegriff. Als Seelsorger muss ich mich mit Menschen unterhalten mögen, muss ein Gespräch, notfalls nur über Wetter, führen mögen. Der andere tastet sich so an mich heran. Ich muss neugierig sein, weil der andere etwas mitzuteilen hat. In der Begleitung müssen Seelsorgerinnen sich auf diesen Menschen, sein Tempo, seine Themen, seine Angst, seine Abwehr einlassen mögen und können. Dabei ist es gut, ein Gespür dafür zu entwickeln, wie darin etwas von der Gotteskindschaft jedes Menschen vorkommt und wo Gott Lust hat, genau mit diesem Menschen in Kontakt zu sein. Als Seelsorger sind wir da Vermittler. Wir bringen Christus nicht, wir machen ihn bestenfalls sichtbar, wie Petrus Ceelen es ausdrückte.

Krankenhausseelsorge muss in Zukunft ökumenisch sein. Hier ist sie, glaube ich, heute schon ein Vorreiter in der ökumenischen Zusammenarbeit der beiden großen christlichen

Kirchen. Es gibt keinen katholischen oder evangelischen Blinddarm und es ist ein »no go«, den katholischen Patienten auf einem Zimmer anzusprechen und den evangelischen unbeachtet zu lassen. Diese gelebte Ökumene wurde auf dem »1. Ökumenischen Krankenhausseelsorgekongress« im März in München vom Ratsvorsitzenden der EKD, Bischof Heinrich Bedford-Strohm, und dem Vorsitzenden der Deutschen Bischofskonferenz, Reinhard Kardinal Marx, ohne Einschränkungen unterstützt. Aber Ökumene wird sich auch hier weiterentwickeln müssen, hin zu einer guten Zusammenarbeit mit anderen Religionsgemeinschaften und auch zu den Menschen, die in unserer Gesellschaft keiner Religionsgemeinschaft mehr angehören.

3. RAHMENBEDINGUNGEN

Es braucht den unbedingten Willen der Verantwortlichen in den Bistümern und in den Landeskirchen, Frauen und Männer für die Seelsorge in Krankenhäusern und anderen Einrichtungen der Gesundheitsversorgung zu beauftragen. Dafür muss Personal bereitgestellt werden, und dieses Personal braucht eine entsprechende Fachqualifikation, wie sie zurzeit im Bistum Münster gemeinsam mit dem Bistum Osnabrück durchgeführt wird.

Grundlage ist hier die klare Erkenntnis, dass die Seelsorge im Krankenhaus nicht eine Aufgabe ist, die miterledigt werden kann, wenn alles andere gut versorgt ist, sondern dass wir uns gerade im Krankenhaus im Kerngebiet von Seelsorge befinden. Denn wie in kaum einem anderen sozialen Feld treffen wir hier die ganze Bandbreite der Menschen, die in unserer Gesellschaft leben, sprechen sie an und sind mit unserem Angebot für sie da. Krankenhausseelsorge ist auch deshalb Kern der Seelsorge, weil wir hier das tun, was Jesus getan hat. Zuhören, sich den Menschen zuwenden, ihnen Heil und Gottes Nähe zusagen. Persönlich glaube ich, dass sich hier die Zukunft der Kirche eher zeigt, als in der besten

Organisation pastoraler Arbeit in den Gemeinden. Also hier ein klarer Appell an die Bistümer und Landeskirchen!

Es braucht fernerhin die Bereitschaft der Träger, Seelsorgerinnen und Seelsorger in ihren Einrichtungen arbeiten zu lassen, nicht als etwas, was man auch noch anbieten kann, wenn die Pflege und die Medizin nicht mehr weiterkommen, sondern als ein Dienst, der das Kerngeschäft eines Krankenhauses betreibt, nämlich den Menschen Heil in einem sehr umfassenden Sinn zu bringen. Hierzu braucht es dann seitens der Träger gute Arbeitsbedingungen.

Es ist wichtig, in den Strukturen eines Krankenhauses sichtbar zu sein. Wo steht die oder der Krankenhausseelsorger/in im Organigramm des Krankenhauses? Gibt es einen regelmäßigen Austausch mit den Verantwortlichen? Gibt es auch jemanden für theologisch-seelsorgliche und ethische Belange, der auf der Ebene der Geschäftsleitung angesiedelt ist?

Wie ist die Seelsorge räumlich ausgestattet? Kapelle, Gebetsräume, Büros und Sprechzimmer? Sind sie erreichbar und kann der Patient sie finden? Wie ist die mediale Ausstattung und wie wird der Zugang zu wichtigen Informationen gewährleistet? Wie ist auch der Seelsorger strukturell eingebunden? Hier brauchen Seelsorgerinnen und Seelsorger, um die tägliche Arbeit ohne unnötige Reibungsverluste erledigen zu können, den Träger. Gerade weil in unserer Gesellschaft und in unseren Krankenhäusern die wichtigen Güter – Zeit, Geld und Raum – knapp sind, sind die Träger gefordert.

In der Krankenhausseelsorge haben wir es zunehmend mit der Entwicklung zu tun, dass Patienten nach der Akutversorgung relativ früh wieder nach Hause entlassen werden und dort oftmals nur wenig seelische Unterstützung erfahren, z. B. weil sie allein leben oder keine Familie haben. Das gilt vornehmlich für somatische Krankenhäuser, aber auch für die Psychiatrie.

Für die Zukunft einer profilierten »Kranken-Seelsorge« muss dies in den Blick genommen werden. Dabei kommt über die Seelsorge in einem Krankenhaus hinaus der Gemeinde- oder Pfarrseelsorge eine größere Verantwortung zu. Wünschenswert wäre, hier eine bessere Vernetzung zu gewährleisten und dies in den lokalen Pastoralplänen, um der Kranken willen, stärker zu berücksichtigen. Auch in der Ausbildung von Gemeindeseelsorgern ist das Thema »Krankheit« in Bezug auf die somatischen, psychischen und spirituellen Aspekte stärker zu verankern.

Profession und Person der Seelsorgerin, des Seelsorgers haben sich gewandelt. Waren vor zwanzig Jahren noch mehrheitlich Priester in der Krankenhausseelsorge tätig, sind es heute mehrheitlich Pastoralreferentinnen, Pastoralreferenten und Diakone. Sind Priester mit der Fülle kirchlicher Verkündigungs- und Sakramentenspendungskompetenz ausgestattet, ist dies bei allen anderen seelsorgerlichen Mitarbeiterinnen und Mitarbeitern nicht so.

Hier taucht unmittelbar die Frage nach der Krankensalbung auf. Viele Kollegen klagen darüber, dass ihnen für diese Dienste kein Priester zur Verfügung steht, den sie anrufen können, und viele Priester klagen darüber, dass sie neben ihren vielen Diensten nicht dies auch noch schaffen können und sie auch nicht auf Dauer zum reinen »Sakramentenspender« verkommen möchten. Auch ist eine häufig zu hörende Antwort, wenn ein Patient nach einem Gespräch um die Krankensalbung bittet: Nein, wenn sie noch extra einen Priester holen müssen, den ich gar nicht kenne, dann möchte ich es nicht. Mich noch auf einen weiteren Menschen einzulassen, schaffe ich jetzt nicht.

Warum tun sie es nicht? Was ist hier zu tun? Die Salbung eines kranken oder sterbenden Menschen gehört zu den besten Gütern und wertvollsten Schätzen, die die Kirche den Menschen schenken kann. Sie steht in der Gefahr dieses Sakrament zu verlieren und in die Bedeutungslosigkeit absinken zu lassen, wenn die Frage nach dem richtigen Spender wichtiger ist als die Sorge um das Heil eines konkreten Menschen.

Krankenhausseelsorge ist auch für Mitarbeiter zuständig. Daraus leitet sich die Frage ab: Was können Seelsorger für Mitarbeiter tun? Und wie werden Träger diese Arbeit unterstützen? Gemeint sind hier unter anderem Freistellungen für Mitarbeiter, damit sie Angebote wahrnehmen können als Hilfe für die eigene Arbeit, die auch dem Träger zu Gute kommt.

Und eine letzte Frage geht an die Bistümer und Träger: Die Krankenhausseelsorge ist ein Angebot, dass kein Geld »einspielt«. Wie werden Träger und Bistümer in Zukunft diese Aufgabe gewährleisten und wie finanzieren?

Michael Fischer

INTEGRALE KRANKENHAUSSEELSORGE

TRÄGHEIT TAUGT NICHT ZUR VERWIRKLICHUNG DES AUFTRAGS

Seelsorge im Krankenhaus bewegt sich im Kontext unterschiedlicher Referenzsysteme. Beauftragt von der Institution Kirche, erfüllt sie ihre Sendung im Krankenhaus als einem Dienstleistungsunternehmen. In einer derart ausdifferenzierten Expertenorganisation begegnet die Seelsorge verschiedenen Professionen und Sichtweisen auf den Menschen. Als konfessionell gebundene Seelsorge hat sie es zudem mit anderen Religionsgemeinschaften und deren Seelsorgesystemen zu tun. Schließlich trifft die Seelsorge im Rahmen des Begriffsfeldes ›spiritual care‹ auf das Bestreben, den spirituellen Bedürfnissen der Patienten und Mitarbeiter zunächst unabhängig von einer konfessionellen Seelsorge gerecht zu werden.

In einem Krankenhaus begleitet die Seelsorge Menschen, die an die Grenze ihres Gestaltungsvermögens stoßen, weil ihnen das eigene Dasein aus der Hand genommen oder neu in die Hand gegeben wird. In diesen Situationen stellen sich Fragen nach dem Sinn, dem Woher und dem Wohin des Ganzen.[1] Hier bringen Seelsorgende das Ganze ins Spiel. Sie tun das in vielfältiger Weise: in der Begleitung von Patienten, durch ihre Sorge für Mitarbeitende, in der Auseinandersetzung mit ethischen Fragen, in Gebeten, Ritualen und der Feier von Patrozinien, in der Betreuung Ehrenamtlicher oder der Begleitung von Menschen unterschiedlicher Kulturen und Religionen.

Im besten Fall hält die Seelsorge das Ganze auch im Spiel. Dazu braucht es nicht nur den Blick auf die Patienten und

1 Vgl. K. *Hemmerle*, 1977, S. 142.

deren Angehörige, sondern wiederum auf ein Ganzes, das gesamte Krankenhaus. Dieser Blick auf das Ganze erfasst alle, nicht nur die Kranken, sondern auch die Gesunden und Starken. Also jene Menschen, die für die Kranken die Sorge übernommen haben: in pflegerischer, ärztlicher oder sozialer Hinsicht, auch aus Sorge für das wirtschaftliche Wohlergehen des gesamten Krankenhauses.

Wer in unterschiedlichen Referenzkontexten das Ganze im Spiel halten möchte, muss zu Integrationsleistungen fähig sein. Dies ist eine anspruchsvolle Aufgabe. Solche Integrationsleistungen werden hier aus dem Blickwinkel der konfessionellen Krankenhausseelsorge betrachtet. Es ist zunächst eine organisationsbezogene Perspektive, die das gesamte Krankenhaus in den Blick nimmt. Wer für solche Integrationsleistungen zuständig ist, muss dazu auch fähig sein. Es ist daher nicht nur eine Frage der Organisationsentwicklung, sondern auch eine der Entwicklung und Reifung eines Seelsorgers als Person. In diesem Zusammenhang erinnert Hermann Stenger an die dreifache Berufung eines Seelsorgers und die Verwirklichung dieser Berufung.[2]

1. REFERENZKONTEXTE DER SEELSORGE IM KRANKENHAUS

Die konfessionelle Krankenhausseelsorge bewegt sich in verschiedenen Referenzkontexten. Im gegenüberliegenden Schaubild werden diese verdeutlicht.

- *Institution Kirche*: Die Sorge um kranke Menschen ist so alt wie die Kirche selbst. Daher ist es nicht verwunderlich, dass die Wurzeln der ersten Krankenhausgründungen in der christlichen Tradition zu finden sind. Die Krankenhausseelsorge gehört daher heute noch zum Wesensauftrag der Kirche und der Krankenhäuser in ihrer Trägerschaft. Die Zuständigkeit für die Seelsorge liegt bei der Kirche.

2 Vgl. H. *Stenger*, 1997.

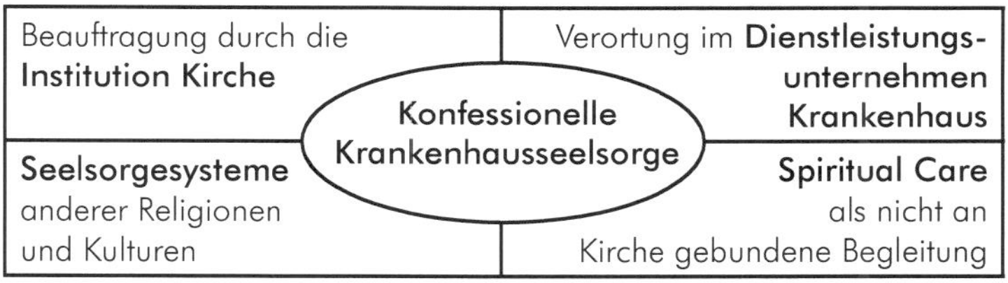

Referenzkontexte der Krankenhausseelsorge

In der katholischen Kirche sind dies die jeweiligen Diözesen, in der evangelischen Kirche die zuständigen Landeskirchen oder deren Kirchenkreise.

- *Krankenhaus als Dienstleistungsunternehmen*: In den vergangenen Jahrzehnten haben sich die Krankenhäuser zu modernen Dienstleistungsunternehmen entwickelt. Gekennzeichnet durch ein zunehmend professionalisiertes Management erbringen sie ihre Dienstleistung in einem zunehmend ökonomisierten Umfeld und im Rahmen gesetzlicher Vorgaben. In der komplexen Systemlogik eines Krankenhauses als einer Expertenorganisation wird sich die Krankenhausseelsorge ihre entsprechende Funktion und Rolle erarbeiten müssen.

- *Spiritual Care*: Das Anliegen, nicht nur sterbende, sondern auch kranke Menschen spirituell zu begleiten, ist mit dem Begriff *Spiritual Care* verknüpft.[3] Wenngleich es kein einheitliches Verständnis von Spiritualität und Spiritual Care gibt und sich dieses Verständnis aus vielen unterschiedlichen Quellen speist, kann zusammenfassend gesagt werden: Spiritual Care ist als eine Bewegung zu verstehen, die unabhängig von der Kirche und ihrer konfessionellen Seelsorge Patienten in Gesundheitseinrich-

3 Vgl. S. *Peng-Keller*, Spiritualität in der modernen Medizin, 87–98; I. *Karle*, Perspektiven der Krankenhausseelsorge, 537–555; E. *Frick*, Spiritual care – nur ein Wort?, 233–236; D. *Nauer*, Spiritual Care statt Seelsorge?, 22–45.

tungen spirituell betreuen möchte. Diese Begleitung ist entweder Aufgabe von Ärzten, von Pflegenden oder von weltanschaulich ungebundenen Seelsorgern und spirituellen Begleitern.

- *Seelsorgesysteme anderer Religionen und Kulturen*: Die Nachfrage nach beispielweise muslimischer Seelsorge wächst, obgleich es im Islam den Begriff der Seelsorge nicht gibt. Auf das religiöse Bedürfnis muslimischer Patienten haben viele Krankenhäuser bereits reagiert, indem sie Räume zur Verfügung stellen, in denen sich Muslime zum Gebet versammeln können. Durch die Veränderung der familiären Strukturen und dieser Institutionalisierung der Betreuung kranker und alter Menschen wächst der Bedarf einer eigenen Seelsorgestruktur für Muslime. Wie diese allerdings aussehen kann, ist noch nicht klar. Offen sind Fragen der Finanzierung, der Ausbildung und der Anbindung an ein Krankenhaus. Zwar gibt es in einzelnen Bundesländern bereits Ausbildungsgänge für ehrenamtliche muslimische Seelsorge, aber insgesamt befindet sich der Prozess der Institutionalisierung muslimischer Seelsorge in Einrichtungen des Gesundheitswesens in einer Umbruchs- und Aufbauphase.[4]

2. INTEGRATIONSLEISTUNGEN DER KRANKENHAUSSEELSORGE

Die Krankenhausseelsorge bewegt sich in den vier genannten Referenzkontexten und muss dabei das Ganze im Blick behalten. Gelingen wird dies nur, wenn Krankenhausseelsorge die spezifischen Herausforderungen dieser Referenzkontexte ernst- und annimmt, diese als Ressource der eigenen Weiterentwicklung begreift und sich so zu neuen Integrationsleistungen befähigt. Fünf anstehende Integrationsleistungen,

4 http://www.zeit.de/gesellschaft/2015–06/seelsorger-muslime-sucht-schulden-beratung [abgerufen am 7.2.2018].

die sich aus den spezifischen Kontexten der Seelsorge im Krankenhaus ergeben, sollen hier beleuchtet werden. Weitere könnten hinzugefügt werden.

2.1 Zusammenarbeit zwischen Kirche und Krankenhaus

Die Entwicklung von der Krankenseelsorge zur Krankenhausseelsorge muss nicht mehr eigens begründet werden. Sie hat sich seit geraumer Zeit weitgehend im Selbstverständnis der Seelsorger etabliert. Allerdings führt die Geschwindigkeit, in der neue Arbeitsfelder der Krankenhausseelsorge zugetragen werden, zu verständlichen Nachfragen: Habe ich die Zeit dafür? Reichen meine Qualifikationen? Entsprechen diese Aufgaben meinen Eignungen und Neigungen? Werde ich immer mehr zu einem Rädchen im Organisationsgetriebe?

Dafür ist ein gutes Zusammenspiel zwischen den Seelsorgenden, den Krankenhäusern und den Diözesen/Landeskirchen nötig.[5] Die sich daraus ergebende Grundspannung kann in vielerlei Hinsicht fruchtbar sein, in gleicher Weise allerdings auch unproduktiv. Damit das Miteinander gelingt, sollten folgende Punkte gut geklärt sein: die fachlich-inhaltliche Zuordnung der Seelsorge, ihre organisatorische Zuständigkeit und die disziplinäre Verantwortung. Konkret bedeutet dies beispielsweise: Wer wählt die Seelsorgenden aus, die in einer Einrichtung zum Einsatz kommen? Wer übt die Dienst- und Fachaufsicht aus? Wer trägt Verantwortung für die Erstellung und Umsetzung von Seelsorgekonzepten? Jede der drei Fragen allein trägt enormes Konfliktpotential in sich.

Um nicht ausgerechnet ein heißes Eisen auszusparen, soll hier die Dienst- und Fachaufsicht angesprochen werden. An folgenden Fragen wird die Bedeutung ersichtlich: Wer organisiert und führt regelmäßige Reflexions- und Zielvereinba-

5 Vgl. M. *Fischer*, 2012b, S. 81–104.

rungsgespräche mit den Seelsorgenden? Gibt es einen kontinuierlichen, fachkompetenten Austausch mit der Leitung des Hauses? Wie werden Aufgabenfelder abgestimmt? Daher ist mit Recht zu fragen, wie in der Zusammenarbeit eines Krankenhauses/Trägers mit den Diözesen/Landeskirchen die fachliche und dienstliche Begleitung wahrgenommen werden kann. Verfügt ein Krankenhaus/Träger über entsprechende Kompetenzen, wäre es für alle Beteiligten hilfreich, wenn beispielsweise gemeinsame Reflexions- und Zielvereinbarungsgespräche mit den Seelsorgenden geführt würden oder der Prozess bei deren Auswahl in einem gemeinsamen Verfahren geregelt wäre.[6]

2.2 Qualität der Seelsorge

Gegenwärtig wird das Gesundheitswesen auf der Grundlage des neuzeitlichen Qualitätsparadigmas neu vermessen.[7] Daran beteiligt sind viele: die politisch Verantwortlichen, die Vertreter der Krankenkassen und der Interessenverbände sowie die Krankenhäuser als Leistungserbringer selbst. Die Durchmessung geschieht rasch, Neuerungen werden in immer kürzeren Fristen zur Entscheidung und Umsetzung gebracht; nicht immer kundig, aber auch mit viel Sachverstand. Die Erwartungen an diese Qualitätsoffensive sind groß. Denn nicht nur die Ergebnisse der Behandlung werden erhoben und veröffentlicht, in Zukunft sollen diese auf die Krankenhausplanung und die Steuerung der Patientenströme einen bedeutenden Einfluss nehmen.

Diesem Qualitätsdiskurs sind Krankenhäuser als Dienstleistungsunternehmen ausgesetzt. Nicht zu Unrecht, im Auswuchs einer praxisfernen Bürokratisierung allerdings zu deren Leidwesen. Für die Kirche als Glaubensgemeinschaft und ihr pastorales Handeln sind derartige Qualitätsmaßstäbe

6 Vgl. M. *Fischer*, 2009, S. 265–269.

7 Vgl. M. *Fischer*, 2017, S. 107–129.

nicht nur relativ neu, sondern müssen auf einen kritischen Prüfstand gestellt werden.[8] In einer ernsthaften Auseinandersetzung über die Qualität der Krankenhausseelsorge ist es hilfreich, sich von allzu grobmaschigen Qualitätsvorstellungen zu verabschieden, die entweder an die Krankenhausseelsorge herangetragen oder dort selbst als Zerrbilder erzeugt werden. Es geht nicht um Kontrolle, nicht um komplexitätsreduzierende Qualitätskennzahlen, mit denen die Wirkung von Seelsorge nachgewiesen werden soll, und auch nicht um eine Bürokratisierung des seelsorgerlichen Dienstes. Diesen Vorstellungen von Seelsorgequalität muss man deutlich entgegentreten.

Allerdings sollte die Seelsorge nicht in einer Art Selbstimmunisierung den Qualitätsdiskurs verdammen, sondern ihn zum Nutzen für die Patienten gestalten.[9] Eine kluge Sorge um eine Seelsorgequalität auf der Grundlage umfassender Qualitätskonzepte nimmt beispielsweise Kooperationen, die Integration in die Organisation, die konzeptionelle Planung und deren Umsetzung in den Blick. Im Kern geht es um eine konzeptionell durchdachte Selbstreflexion und Weiterentwicklung der Seelsorge. Die Seelsorge als wichtiger Versorgungsbaustein im Behandlungsverlauf in einem Krankenhaus kann sich dieser Diskussion nicht entziehen. Unabhängig davon sollte sie dies um ihrer selbst willen auch nicht tun.

2.3 Zusammenarbeit von Haupt- und Ehrenamt

In der Kirche wurde nicht nur das Ehrenamt theologisch neu belebt, sondern auch der Professionalisierung pastoraler Handlungsfelder durch die Aufwertung der sogenannten Laien ein Anstoß gegeben. Insgesamt wurde das hierarchische Kirchenverständnis in Richtung einer Communio erweitert.

8 Vgl. M. *Fischer*, 2011, S. 273–288.

9 Vgl. dazu beispielsweise: M. *Fischer*, 2005; B. *Mehler*, 2002; M. *Klessmann*, 2002, G. *Nelius* / B. *Städler-Mach*, 2002, S. 402–412.

So wurden in den vergangenen Jahrzehnten sowohl pastorale Handlungsfelder professionalisiert als auch das Ehrenamt ausgebaut. Arbeiten beide zusammen, gibt es Klärungsbedarf: Wie sehen die spezifischen Berufsrollen aus? Sind die einen Profis und die anderen Amateure? Wenn beide nur um den Preis einer Rollenkonfusion das Gleiche in gleicher Weise tun können, worin liegt dann das je Spezifische und das den Ehren- und den Hauptamtlichen Gemeinsame? Machen kompetente Ehrenamtliche die Professionalisierung pastoraler Handlungsfelder und am Ende damit auch die Hauptamtlichen überflüssig?[10]

Ein Blick in die Versorgungssituation für Patienten in Krankenhäusern, Alten- und Behinderteneinrichtungen zeigt einen großen Bedarf an Seelsorge; einen größeren Bedarf als die hauptamtlichen Seelsorgenden abdecken können. In diesen Einrichtungen wünschen sich viele Patienten und Bewohner jemanden, der ihre Not hört. Es besteht dringender Handlungsbedarf.

Handeln bedeutet nicht, hauptamtliche Seelsorgestellen zu kürzen, weil diese in Zukunft durch Ehrenamtliche ersetzt werden sollen. Das ist aus mehreren Gründen gar nicht möglich: Ehrenamtliche können ohne das Hauptamt gar nicht arbeiten; Hauptamtliche erfüllen eine berufliche, professionelle Rolle, während Ehrenamtliche selbstgewählte Aufgabe erledigen; Hauptamtliche tragen die Gesamtverantwortung, für die sie entlohnt werden, während Ehrenamtliche ihr Engagement entsprechend ihren Neigungen und Eignungen unentgeltlich ausüben; Hauptamtliche sind gegenüber den Ansprüchen des Arbeitgebers in vollem Umfang verpflichtet, während Ehrenamtliche ihren konkreten Dienst verantworten.

Handeln bedeutet vielmehr, eine sinnvolle Zusammenarbeit zwischen hauptamtlichem Krankenhausseelsorger und ehrenamtlich Engagierten zu gestalten. In Anbetracht der

10 Vgl. M. *Fischer*, 2014; S. *Gärtner*, 2012, S. 27–47.

gegenwärtigen seelsorglichen Situation wäre es klug, die Bedeutung der Charismen in der Kirche in neuer Weise schätzen zu lernen und die unterschiedlichen Begabungen in ein kooperativ gestaltetes Zusammenspiel von Haupt- und Ehrenamtlichen münden zu lassen. Eine Polarisierung zwischen beiden aus Angst vor Statusverlust oder einer Rollenunklarheit ist zwar nachvollziehbar, darf sich aber nicht wie ein lähmender Schleier über einen wichtigen Aufbruch legen.

2.4 Kategoriale Verortung und/oder territoriale Anbindung

Durch die Vergrößerung der pastoralen Räume und aufgrund schwindender finanzieller Mittel in den Diözesen und Landeskirchen stehen für die Krankenhausseelsorge Fragen im Raum: Wie viel Geld wird für die Aufrechterhaltung der kategorialen Krankenhausseelsorge in Zukunft zur Verfügung gestellt? Wird zugunsten territorialer Aufgabenfelder die kategoriale Krankenhausseelsorge ausgedünnt? Soll die Krankenhausseelsorge (wieder) an die territorial geprägten Pfarreien angebunden werden? Zu diesen Fragen kursieren recht unterschiedliche Überlegungen.

Vermutlich sollten nicht vorschnell abschließende und allgemein gültige Antworten gegeben werden, denn sinnvolle und plausible Lösungen sind oft in ihrem Kontext begründet. Die Diözesen und Landeskirchen haben nicht nur unterschiedliche Voraussetzungen und Möglichkeiten, sondern auch die Krankenhäuser sind aufgrund ihrer Größe, ihres Leistungsspektrums, ihrer Einbindung in Trägereinheiten oder Pfarreistrukturen nicht direkt vergleichbar. Die Voraussetzungen also, unter denen professionelle Seelsorge im Krankenhaus geleistet werden kann, unterscheiden sich.

Pastorale Mitarbeiter, die in einer Gemeinde angesiedelt sind, können von dort aus zwar ihren Dienst in einem Krankenhaus tun. Allerdings kann dies nicht gleichsam nebenbei geschehen, ohne eine entsprechende Zusatzqualifikation und ohne eine Anbindung an einen professionellen Reflexionskontext. Das bedeutet: Teilnahme an Fachgruppen, Austausch mit anderen Krankenhausseelsorgern und die Möglichkeit zur Supervision. Sind diese Voraussetzungen erfüllt, ist eine solche Konstruktion möglich. Allerdings stößt eine Anbindung der Krankenhausseelsorge an eine Pfarrei, trotz einer entsprechenden Einbindung an einen professionellen Reflexionskontext, in großen Krankenhäusern an ihre Grenzen. Es besteht die Gefahr, dass die Systemlogik eines Krankenhauseses nicht ausreichend abgebildet wird. Ein Krankenhaus ist ein eigenes Lebens- und Arbeitsbiotop. Dort braucht es auch Seelsorgende, die sich nicht nur (zeitlich) uneingeschränkt darauf einlassen möchten, sondern dies auch tun können.

Obgleich die Spezialisierung und die damit verbundene Professionalisierung der Krankenhausseelsorge nicht rückgängig gemacht werden kann, liegt eben darin auch Hinterfragbares. Denn was im Gesundheitswesen zwischenzeitlich als ein Problem erkannt ist, nämlich die starre Aufteilung der Patientenversorgung in einen ambulanten und einen stationären Sektor, führt auch im Blick auf die seelsorgerliche Begleitung kranker Menschen zu Problemen. Angehörige und Patienten, die kirchlich gebunden sind, in welcher Intensität auch immer, werden oftmals nach ihrer Entlassung durch die Aufteilung in kategoriale und territoriale Seelsorgebereiche aus den Augen verloren. Wäre hier nicht eine bessere Verzahnung beider Bereiche notwendig, um die Patient*innen nach ihrer Entlassung aus dem Krankenhaus nicht aus dem Blick zu verlieren? Und wäre auf der anderen Seite für die Gestaltung einer Gesamtpastoral eine engere Zusammenarbeit nicht hilfreich?

2.5 Religionen und Spiritualitäten

In einer zunehmend pluraler werdenden Gesellschaft hat sich nicht nur das Verständnis von Spiritualität ausgeweitet, sondern dort ist auch die Anzahl jener Institutionen und

Professionen gewachsen, die sich einer spirituellen Begleitung der Patienten annehmen.[11] Insgesamt führt diese Entwicklung zu einer Ausdifferenzierung der religiösen und spirituellen Begleitung von Patienten. Bereits heute existieren in den Krankenhäusern eine bunte Mischung aus religiösen und religionsunabhängigen Spiritualitätsvorstellungen und eine Parallelität religions- und kulturgebundener Seelsorgeangebote mit jeweils eigenen Zuständigkeiten.

Was bedeutet diese Ausdifferenzierung für das Selbstverständnis und die Organisationsform der Krankenhausseelsorge? Entstehen in Zukunft vier unterschiedliche Seelsorgesysteme mit jeweils eigenen Zuständigkeiten? Gibt es noch ein integratives Ganzes oder gar eine Einheit in der Vielfalt? Bei diesen Überlegungen können zwei gegensätzliche Positionen gezeichnet werden: In einer ersten Variante existieren die Seelsorgezuständigkeiten ohne erkennbare Absprachen und ohne eine konzeptionelle Integration in ein Ganzes unabhängig und nebeneinander. Die Akteure arbeiten entsprechend ihrem Selbstverständnis, und das freie Spiel der Kräfte steuert Angebot und Nachfrage: Wer kommt bei den Patienten gut an? Was dient bei der Betreuung und der Behandlung in einem umfassenden Sinn den Patienten? Wer ist bereit, wie viel für welches Seelsorgesystem mit welchem Aufgabenzuschnitt zu bezahlen? Eine zweite Variante, die einen Gegenentwurf zur ersten darstellt, möchte nicht das freie Spiel der Kräfte, sondern ist geleitet von einem verantworteten, integralen Zusammenspiel aller Beteiligten, in dem es Rechte und Pflichten gibt.

Nehmen Krankenhäuser ihre Gesamtverantwortung wahr, müssen sie ein klares Konzept für die religiöse und spirituelle Begleitung ihrer Patienten haben. Zu dieser Gesamtverantwortung gehört auch die Kontrolle darüber, ob die einzelnen Akteure sich an die Gesamtvorgaben halten. Für eine

11 Vgl. S. *Peng-Keller*, 2012, S. 87–98; I. *Karle*, 2010, S. 537–555; E. *Frick*, 2009, S. 233–236; D. *Nauer*, D., 2015, S. 22–45.

konfessionelle Einrichtung gilt: die Begleitung der Patienten muss ohne Druck und Zwang erfolgen, Notsituationen dürfen nicht zur Missionierung missbraucht werden, und jedwede Religionsausübung richtet sich nach den Normen unserer freiheitlich-demokratischen Rechtsordnung. Dies ist für alle Beteiligten, jedweder Profession und Religion, bindend. Ebenso gilt, den gesellschaftlichen Entwicklungen und den Bedürfnissen der Patienten und ihrer Angehörigen gerecht zu werden. Insofern gibt es kein willkürliches Spiel der freien Kräfte, sondern ein reflektiertes, verantwortetes und integriertes Gesamtangebot. Vermutlich kann dies nur gelingen, wenn die Akteure in guter Abstimmung und im Austausch miteinander sind. In einem konfessionellen Krankenhaus sorgt für diese Integration die konfessionelle Seelsorge.

3. ZUSTÄNDIGKEITEN UND FÄHIGKEITEN

Um die genannten Themen zu bearbeiten, braucht es Seelsorger, die diese Aufgaben zur ihrer eigenen Sache machen, diese Sache voranbringen und die hierfür entsprechenden Kompetenzen besitzen. Denn wer für eine Sache zuständig ist, muss auch dazu fähig sein oder befähigt werden. Der im Jahr 2016 verstorbene Pastoraltheologe Hermann Stenger erinnerte an den Zusammenhang von Kompetenzen und der Umsetzung der eigenen Berufung. Analog zur Gegenüberstellung von Kompetenz als Zuständigkeit und Kompetenz als Fähigkeit beschreibt Hermann Stenger das Verhältnis von einer Berufung und der Verwirklichung einer Berufung.[12] Denn mit jeder Berufung ist ein Verwirklichungsauftrag verbunden.

In einem Aufsatz mit dem Titel »Zuständig wofür – fähig wozu?« hat Hermann Stenger über eine dreifache Berufung und deren Verwirklichung für den Krankenseelsorgeberuf nachgedacht. Im nächsten Schaubild sind seine Überlegungen zusammengefasst dargestellt.

12 Vgl. H. *Stenger*, S. 11–29.

Berufung / Verwirklichung	Leben (ermächtigt)	Glauben (erwählt)	Dienen (beauftragt)
Das Selbst gestalten	… des persönlichen Lebens	… des persönlichen Glaubens	… des persönlichen Arbeitens
Beziehungen verwirklichen	… im gesamtmenschlichen Milieu	… im christlich-kirchlichen Milieu	… im Milieu Krankenhaus
An Verantwortung teilnehmen	… für den Lebensraum Welt	… für den Lebensraum Kirche	… für den Berufsraum Krankenhaus

Berufung und Verwirklichung[13]

In seinen Überlegungen geht Hermann Stenger von drei Dimension einer Berufung aus: der Ermächtigung zum Leben, einer Erwählung zum Glauben und einer Beauftragung zu einem speziellen Dienst in Kirche und Welt. Die erste Berufungsdimension beruht auf der Schöpfungsinitiative Gottes, die zweite auf der Erlösungsintitiative Gottes und die dritte auf der Beauftragungsintiative Gottes. Diese Berufungen sind Geschenke Gottes. Alle drei Berufungsdimensionen zum Leben, Glauben und Dienen drängen zur Verwirklichung, indem man das Selbst gestaltet, Beziehungen verwirklicht und an der Verantwortung teilnimmt.

In der ersten Dimension der Verwirklichung einer Berufung geht es um die Gestaltung des Selbst im Leben, im Glauben und im Dienen. Im Hinblick auf das Leben ist es ein Glück, wenn am Ende über einen Menschen gesagt werden kann: »Er fürchtete sich nicht zu sterben und weigerte sich nicht zu leben.«[14] Diese Notiz findet sich beim Biographen von Martin von Tours. Zu wachsen ist nicht nur Won-

13 Dieses Schaubild ist angelehnt an: ebd., S. 28.

14 Zitiert nach H. *Stenger*, 1997, S. 15.

ne und Freude, sondern auch ein Angst auslösendes Risiko. Hermann Stenger spricht in diesem Zusammenhang von einer ›existentiellen Werdescheu‹. Im Blick auf den Glauben ist dessen bewusste Gestaltung ein Appell gegen die eigene Trägheit, denn »Bekehrung ist ein ganzheitlicher Prozess von Umbrüchen und Krisen«[15]. Schließlich geht es um die bewusste Gestaltung des Dienens. Die Kompetenzen für eine angemessene Berufsausübung müssen Schritt für Schritt erworben werden. Für Hermann Stenger ist dies kein Widerspruch zur theologischen Aussage, dass Charismen geistgewirkte Gaben sind.

In der zweiten Verwirklichungsdimension geht es um Beziehungen im Leben, im Glauben und im Dienen. Ausgehend von einem Gedanken Martin Bubers, dass die Gemeinschaft zum Ort der Theophanie werden kann, ist das Grundanliegen Hermann Stengers: Im Leben soll einer nicht des anderen Wolf werden, sondern wir sollen einander ein Sakrament sein. In einem verbindlichen Miteinander zeigt sich die Verwirklichung von Beziehungen. Für den Glauben in einen christlich-kirchlichen Milieu gilt, dass die Gemeinschaft für einen verbindlich gelebten Glauben konstitutiv ist. Im Dienen schließlich muss ein Seelsorger dafür Sorge tragen, dass er sich in dem komplexen Beziehungsgeflecht eines Krankenhauses nicht hoffnungslos überfordert.

Die dritte Dimension nimmt die Übernahme von Verantwortung im Leben für die Welt, im Glauben für die Kirche und im Dienen für das Krankenhaus in den Blick. Dabei hängen alle drei Verantwortungsräume zusammen. Zunächst arbeitet der Krankenhausseelsorger in den beiden Verantwortungsräumen Kirche und Krankenhaus. Im Krankenhaus bewegt sich die Seelsorge in einem professionellen Berufskontext. Bei Auffassungsunterschieden zwischen der Berufswelt Krankenhaus und der Kirche plädiert Hermann Stenger für einen offenen und geduldigen Dialog. Alle drei

15 Ebd., S. 17.

Verantwortungsräume verbindet aus christlicher Sicht eine »innerweltliche nahzukünftige Hoffnung«[16].

Der Dreiklang Leben, Glauben und Dienen erinnert an ehemals ordensgeführte Einrichtungen, in denen diese drei Dimensionen eng miteinander verbunden waren. Diese Verwobenheit zeigte sich oftmals bis in die architektonische Einheit von Ordensgebäude und Krankenhäusern. Freilich ist die Lebenswirklichkeit von Seelsorgern heute eine andere. Plurale Lebensformen stehen bei ihnen an Stelle der einheitlichen Lebensform der Diakonissen- und Ordensgemeinschaften, der gemeinsame Glaube ist in eine postchristliche Glaubensdynamik hineingenommen und das gemeinsame Dienen ist heute einem durch Differenzierung und Professionalisierung geprägten Berufsverständnis gewichen.

4. TRÄGHEIT IST KEIN HEILMITTEL GEGEN UMBRÜCHE

Wer das Ganze in seinen unterschiedlichen Facetten im Kontext verschiedener Sinn- und Referenzkontexte ins Spiel bringen und dort halten möchte, braucht ein klares Konzept einer integralen Krankenhausseelsorge. Wer integrieren möchte, muss seine Umwelten kennenlernen und verstehen wollen, muss sich im Aufbau von Netzwerken als anschlussfähig erweisen, sollte anstehende Entwicklungen im Hinblick auf das Ganze aktiv gestalten, anstatt nur reserviert oder ablehnend zu beobachten. Kurzum: Wer integrieren möchte, muss seine Umwelt als Ressource begreifen. Solch ein integrales Verständnis bewahrt Krankenhausseelsorge vor Abschottung und verhängnisvoller Selbstreduktion.

Für die Krankenhausseelsorge in einem konfessionellen Krankenhaus bedeutet dies: Neue Aufgabenfelder wahrnehmen und sie kompetent mitgestalten; eine mutige Integration in den Organisationskontext eines Krankenhauses, um die dort vorzufindende Pluralität wirkmächtig mitgestalten

16 Ebd., S. 26.

zu können; eine damit verbunden Verantwortung wahrnehmen und selbstverständlich im Dialog dafür auch Rechenschaft ablegen; die längst überfällige Anfrage an die Qualität seelsorgerlichen Handelns endlich als Chance begreifen und klug die vorhandenen Modelle und Instrumente in den eigenen Kontext adaptieren; die manchmal dogmatisch geführten Grabenkämpfe zwischen Haupt- und Ehrenamt zugunsten einer bestmöglichen Versorgung der Patienten endgültig ablegen und im Hinblick auf die Nöte der Patienten angemessene Formen der Zusammenarbeit entwickeln, in denen nicht das Eigene auf Kosten des anderen abgewertet wird; in Zukunft verstärkt eine kategorienübergreifende Seelsorge kranker Menschen in den Blick nehmen, ohne Professionsstandards zu verletzten.

Für all diese Aufgaben braucht es Seelsorger, die anpacken können und fähig sind. Es bedarf der Personen, die in der doppelten Bedeutung des Begriffs Kompetenz, nämlich ›für etwas zuständig sein‹ und ›zu etwas fähig sein‹[17], diese Herausforderungen annehmen und sich zu eigen machen. Hier erinnert Hermann Stenger an den Zusammenhang von Kompetenz und Berufung. Berufen zu einem Dienst und dafür zuständig zu sein, bedeutet gleichermaßen die Verwirklichung der Berufung, um für den Dienst auch fähig zu sein. Die Verwirklichung einer Berufung gilt es als einen herausfordernden Weg zu begreifen und als einen Appell gegen die eigene Trägheit.

In Anlehnung an Hermann Stenger bedeutet dies: Das eigene Selbst gestalten, sich Veränderungen stellen, ohne einer ›existentiellen Werdescheu‹ zu verfallen und entsprechende Kompetenzen für den beruflichen Dienst Schritt für Schritt aufbauen; sich auf Beziehungen einlassen, auch auf das komplexe Beziehungsgeflecht eines Krankenhauses, um Gemeinschaft zu verwirklichen, ohne sich darin zu verlieren; und schließlich die Übernahme jener Verantwortung,

17 Vgl. *Stenger*, S. 11.

die im Leben, Glauben und Dienen als Gestaltungsaufgabe auf einen Berufenen zukommt. Alle Dimensionen sind miteinander verwoben und spiegeln in ihrer Gesamtheit die Authentizität und Glaubwürdigkeit eines Seelsorgers wider. Diese Anstrengungen zu scheuen, wäre ein Ausdruck von Werdeangst und Trägheit, nicht Zeichen einer Berufung und von deren Verwirklichung. Die Anforderungen an eine integrale Seelsorge in einem Krankenhaus, die das Ganze im Blick hat und es zusammenhält, beziehen sich sowohl auf Fragen der Organisation als auch auf Reifungsprozesse bei Seelsorgenden.

LITERATURVERZEICHNIS

Fischer, M. (2005): Seelsorge mit Brief und Siegel: Kann man die Krankenhausseelsorge zertifizieren? In: Krankendienst 1/2005, S. 383–291.

–, M. (2009): Mit den Entwicklungen Schritt halten. Die Krankenhausseelsorge im Geflecht einer triangulären Verantwortungsstruktur: aus der Sicht konfessioneller Träger. In: Krankendienst 12/2009, S. 265–269.

–, M. (2011): Die Qualität pastoralen Handelns. Braucht es ein pastorales Qualitätsmanagement?. In: WzM 63. Jg., S. 273–288.

–, M. (2012): Barmherzigkeit provoziert. Vom heilenden Dienst zum Dienstleistungsunternehmen (2. Aufl.). Rheinbach: CMZ-Verlag.

–, M. (2012): Das konfessionelle Krankenhaus. Gestaltung und Begründung aus theologischer und unternehmerischer Perspektive (3. Aufl.). Münster: LIT-Verlag.

–, M. (2014): Ehrenamtliche in der Krankenhausseelsorge. Freiburg: Lambertus Verlag.

–, M. (2017): Die Qualität konfessioneller Krankenhäuser. Zwischen gesellschaftlicher Relevanz und christlicher Identität. In: *Heimbach-Steins,* M. / *Schüller,* T. / *Wolf,* J. (Hgg.): Katholische Krankenhäuser – herausgeforderte Identität. Paderborn: Verlag Ferdinand Schöningh, S. 107–129.

Frick, E. (2009) Spiritual care – nur ein Wort? In: LS 60, S. 233–236.

Gärtner, S. (2012): Vor Risiken und Nebenwirkungen wird gewarnt. Beobachtungen zur Professionalisierung der Pastoral. In: PThI, 32. Jahrgang, 2012–1, S. 27–47.

Haart, D. (2007) Seelsorge im Wirtschaftsunternehmen Krankenhaus. Würzburg: Echter Verlag.

Hemmerle, K. (1977): Grenzgänger der Transzendenz – eine Zielgruppe der Pastoral. In: *Bertsch*, L. / *Rentmeister*, K.-H. (Hgg.): Zielgruppen. Brennpunkte kirchlichen Lebens. Karl Delahaya zum 65. Geburtstag. Frankfurt a. M., S. 141–154.

Karle, I. (2010): Perspektiven der Krankenhausseelsorge. Eine Auseinandersetzung mit dem Konzept spiritual care. In: WzM 62, Jg. 2010, S. 537–555.

Klessmann, M. (2002): Qualitätsmerkmale in der Seelsorge oder: Was wirkt in der Seelsorge? In: WzM 54, Jg. 2002, S. 144–154.

Mehler, B. (2002): Seelsorge nach DIN ISO 9000? Herausforderungen des Qualitätsmanagements an die Seelsorge. In: WzM, 54. Jg. 2002, S. 416–424.

Nauer, D. (2015): Spiritual Care statt Seelsorge?. Stuttgart: W. Kohlhammer.

Nelius, G. / *Städler-Mach*, B. (2002): Qualitätssicherung in der Krankenhausseelsorge – Chancen und Risiken. In: WzM, 54. Jg. 2002, S. 402–412.

Peng-Keller, S. (2012): Spiritualität in der modernen Medizin, in: *Belok*, M. (Hg.), Seelsorge in Palliative Care. Zürich: Züricher Verlag, S. 87–98.

Stenger, H., (1997): Zuständig wofür? – Fähig wozu?, in: *Heller*, A. / *Stenger*, H. (Hgg.), Den Kranken verpflichtet: Seelsorge – ein Gesundheitsberuf im Krankenhaus. Innsbruck, Wien: Tyrolia-Verlag, 11–29.

AUTORENVERZEICHNIS

Beisenkötter, Donatus, Jg. 1956, Leiter der Abteilung Allgemeine Seelsorge im Bistum Münster.

Bendel-Maidl, Lydia, Jg. 1963, Professorin für Fundamentaltheologie an der Ludwig-Maximilians-Universität München (LMU).

Ehm, Simone, Jg. 1973, Studienleiterin für Ethik in den Naturwissenschaften an der Evangelischen Akademie Berlin.

Fischer, Michael, Jg. 1962, Dr. theol., Professor für Qualitätsmanagement an der Privaten Universität für Gesundheitswissenschaften, Medizinische Informatik und Technik (UMIT) in Hall / Österreich, Referent Christliche Identität und Werte der St. Franziskus-Stiftung Münster.

Frick, Eckhard, Jg. 1955, Dr. med., Professor für Anthropologische Psychologie an der Hochschule für Philosophie in München (IHS).

Goedereis, Klaus, Jg. 1969, Dr. rer. pol., Vorstandsvorsitzender der St. Franziskus-Stiftung Münster.

Irmgedruth, Rainer B., Jg. 1958, Propst und Pfarrdechant in Beckum (St. Stephanus), Referat Christen und Muslime im Bistum Münster.

Kinast, Rainer, Jg. 1953, Zentralbereich Wertemanagement, Vinzenz Gruppe Krankenhausbeteiligungs- und Management GmbH, Wien.

Mangold, Roland, Jg. 1959, Geschäftsführer der faktor NATUR Projekt GmbH.

Merkens, Martin, Jg. 1962, Leiter der Referate Krankenseelsorge und Seelsorge für Menschen mit Behinderungen im Bistum Münster.

Paul, Theo, Jg. 1953, Generalvikar der Diözese Osnabrück und Vorsitzender des Katholischen Krankenhausverbands Deutschlands (KKVD).

Peng-Keller, Simon, Jg. 1969, Dr. theol., Professor für Spiritual Care an der Theologischen Fakultät der Universität Zürich.

Rathmer, Bernhard, Jg. 1958, Krankenhausseelsorger im Mathias-Spital Rheine.

Reiser, Martina, Jg. 1962, Klinikseelsorgerin im Zentrum für Kinder- und Jugendmedizin und an der Universitäts-Frauenklinik in Heidelberg.

Rüden, Stefan von, Jg. 1959, stellv. Leiter des Instituts für klinische Seelsorgeausbildung (KSA) in Heidelberg.

Tenbohlen, Volker, Jg. 1965, Referent Presse / Interne Kommunikation der St. Franziskus-Stiftung Münster.

MAURITZER SCHRIFTEN

HERAUSGEGEBEN VON DER ST. FRANZISKUS-STIFTUNG MÜNSTER

BAND 1

Michael Fischer

Barmherzigkeit provoziert. Vom heilenden Dienst zum kirchlichen Dienstleistungsunternehmen

178 Seiten mit 11 z. T. farbigen Abb. u. Tab.,
13,5 × 21 cm, Broschur. Zweite verbesserte Auflage
ISBN 978-3-87062-132-2

Barmherzigkeit ist keine Schwäche, sondern eine wichtige Tugend. Konfessionelle Krankenhäuser, Behinderteneinrichtungen und Seniorenheime stehen in der christlich begründeten Tradition der Barmherzigkeit. Sie ist der tiefste Kern ihrer Identität.

cmz

MAURITZER SCHRIFTEN

HERAUSGEGEBEN VON DER ST. FRANZISKUS-STIFTUNG MÜNSTER

BAND 2

Michael Fischer / Diethilde Bövingloh (Hg.)

Pflege aus Berufung

Spiritualität und Professionalität in der Pflegeausbildung

197 Seiten, 13,5 × 21 cm, Broschur

ISBN 978-3-87062-133-9

Jedem Handeln geht eine innere Einstellung voraus, die Berufung. In konfessionell geführten Pflegeausbildungsstätten war diese Verbindung zwischen Glauben, Leben und Arbeiten selbstverständlich. Heute wird diese ererbte Selbstverständlichkeit zur zentralen Frage: Wie definiert sich heute die Berufung?

cmz

MAURITZER SCHRIFTEN

HERAUSGEGEBEN VON DER ST. FRANZISKUS-STIFTUNG MÜNSTER

BAND 3

Michael Fischer (Hg.)

Aber sprich nur ein Wort

Trost, Scham und Vergebung

bei Krankheit

245 Seiten, 13,5 × 21 cm, Broschur

ISBN 978-3-87062-149-0

Zwischen Heil und Heilung besteht ein unverzichtbarer Zusammenhang – Religion hat somit auch eine therapeutische Dimension. Die sieben Beiträge dieses Bandes verbinden theologische Horizonte und medizinische Perspektiven.

MAURITZER SCHRIFTEN

HERAUSGEGEBEN VON DER ST. FRANZISKUS-STIFTUNG MÜNSTER

BAND 4

Michael Fischer (Hg.)

Erkenntnis und Verantwortung

Anthropologische und theologische Bezugspunkte

für das Gesundheitswesen

184 Seiten, 5 z.T. farbige Abb., 13,5 × 21 cm, Broschur

ISBN 978-3-87062-164-3

In einem theologisch fragenden und hörenden Kontext kann Personalbildung in kirchlichen Unternehmen und Einrichtungen dazu beitragen, Wegorientierung für anstehende Lebensfragen und berufliches Handeln zu finden.

cmz

MAURITZER SCHRIFTEN

HERAUSGEGEBEN VON DER ST. FRANZISKUS-STIFTUNG MÜNSTER

BAND 5

Michael Fischer (Hg.)

Identität und Management

Christliche Bindung caritativer Einrichtungen

230 Seiten, 13,5 × 21 cm, Broschur

ISBN 978-3-87062-197-1

Die hier versammelten Texte reflektieren einzelne Aspekte des Managements caritativer Einrichtungen im Gesundheitswesen. Die Autoren sind sich der Bedeutung ökonomischer Parameter bewusst, binden diese aber zugleich an eine christlich-ethische Dimension zurück.

cmz